国家中等职业教育改革发展示范学校建设教材

工程材料检测

主编 曹建生

西南交通大学出版社
·成 都·

图书在版编目（CIP）数据

工程材料检测 / 曹建生主编. —成都：西南交通大学出版社，2014.7
 国家中等职业教育改革发展示范学校建设教材
 ISBN 978-7-5643-3137-5

Ⅰ. ①工… Ⅱ. ①曹… Ⅲ. ①建筑材料–检测–中等专业学校–教材 Ⅳ. ①TU502

中国版本图书馆 CIP 数据核字（2014）第 135933 号

国家中等职业教育改革发展示范学校建设教材

工程材料检测

主编　曹建生

责 任 编 辑	张　波
助 理 编 辑	胡晗欣
封 面 设 计	墨创文化
出 版 发 行	西南交通大学出版社 （四川省成都市金牛区交大路 146 号）
发行部电话	028-87600564　028-87600533
邮 政 编 码	610031
网　　　址	http://www.xnjdcbs.com
印　　　刷	成都蓉军广告印务有限责任公司
成 品 尺 寸	185 mm × 260 mm
印　　　张	11.75
字　　　数	294 千字
版　　　次	2014 年 7 月第 1 版
印　　　次	2014 年 7 月第 1 次
书　　　号	ISBN 978-7-5643-3137-5
定　　　价	25.00 元

图书如有印装质量问题　本社负责退换
版权所有　盗版必究　举报电话：028-87600562

前 言

《工程材料检测》是以"项目载体、任务驱动"的主导思想编制的教材,改变了传统教材以烦琐的理论的编写模式,深入浅出,以操作活动为主线,涉及理论给于补充,以工程实例创造学习情境,并将学生评价融于学习活动中,体现了当前职业教育特点。

本书采用目前我国颁布的材料方面的新标准、新规范,内容围绕公路、桥梁、房屋等工地常规建材试验进行编写,共分为水泥、集料、混凝土与砂浆、土工、钢材、沥青六个项目,由武汉铁路桥梁学校曹建生、张玲、刘丽霞、王娟、郭爱华、彭梅华、蔡湘琪编写。本书可作为中职、高职及职业培训教材,也可作为工程技术人员参考用书。

由于作者水平有限,书中难免存在疏漏和不足之处,敬请专家学者、读者批评指正。

编 者
2014 年 3 月

目 录

项目一　水泥检测 ·· 1
　　任务一　水泥细度检测 ·· 1
　　任务二　水泥标准稠度用水量 ·· 4
　　任务三　凝结时间的测定 ··· 7
　　任务四　水泥安定性试验 ··· 10
　　任务五　水泥胶砂强度检测 ··· 13
　　任务六　水泥胶砂流动度的测定 ·· 18

项目二　集料检测 ·· 22
　　任务一　细集料的颗粒级配及粗细程度检测 ··· 22
　　任务二　细集料的表观密度检测 ·· 28
　　任务三　细集料的堆积密度检测 ·· 32
　　任务四　细集料含泥量的检测 ··· 37
　　任务五　细集料泥块含量的检测 ·· 40
　　任务六　粗集料的压碎值指标检测 ··· 44
　　任务七　粗集料的针、片状颗粒含量的检测 ··· 48

项目三　混凝土与砂浆试验 ·· 54
　　任务一　混凝土的配合比设计 ··· 54
　　任务二　水泥混凝土工作性能检测 ··· 67
　　任务三　混凝土的强度检测 ··· 77
　　任务四　水泥混凝土抗折强度检测 ··· 83
　　任务五　水泥混凝土含气量检测 ·· 87
　　任务六　砌筑砂浆的配合比设计 ·· 96
　　任务七　砂浆稠度和分层度检测 ·· 102
　　任务八　砂浆的抗压强度检测 ··· 107

项目四　土工检测 ·· 112
　　任务一　土的含水率检测（烘干法） ··· 112
　　任务二　土的密度检测（环刀法） ··· 116
　　任务三　土的比重检测（比重瓶法） ··· 120
　　任务四　界限含水率检测 ··· 123
　　任务五　土的颗粒分析试验 ··· 126
　　任务六　水泥、石灰剂量检测（EDTA 滴定法） ·· 131

项目五 钢材检测···139
任务一 钢筋拉伸试验··139
任务二 钢筋冷弯试验··146
任务三 金属洛氏硬度试验···150

项目六 沥青材料···155
任务一 沥青针入度··155
任务二 沥青延度···165
任务三 沥青软化点··174

参考文献··182

项目一　水泥检测

任务一　水泥细度检测

案例导入

某工地购进一批水泥，因工地发生了事故，延误了工程进度。结果到了工程需要使用该批水泥时，因存放期过长，发现水泥早已硬化，不能正常使用，查其原因，原来正好那段时间是梅雨季节，空气中湿度过大，而水泥粒度过细，吸收空气中的水分，从而造成水泥过早硬化。结果该批水泥全部报废。

任务目标

1. 了解水泥细度检测的意义。
2. 掌握水泥细度的定义及相关知识。
3. 能正确使用试验的设备与仪器。
4. 熟练掌握试验操作过程。
5. 掌握试验结果的分析与评定。

关联知识

1. 细度：粉状物料的粗细程度，通常以标准筛的筛余百分数或比表面积或粒度分布表示。
2. 筛余：粉状物料细度的表示方法。一定质量的粉状物料，在试验筛上筛分后，所残留于筛上部分的质量百分数。
3. 比表面积：单位质量的物料所具有的表面积。单位是 m^2/kg。通常用透气法比表面积仪测定水泥的比表面积。
4. 根据 GB175—2007《通用硅酸盐水泥》规定，P.Ⅰ/P.Ⅱ，P.O 这两类水泥的细度，采用 GB/T 8074—2008《水泥比表面积测定方法　勃氏法》测定他们的比表面积，不小于 300 m^2/kg。
5. GB 175—2007《通用硅酸盐水泥》还规定，P.F，P.C，P.S.A/P.S.B，P.P，这四类水泥的细度采用 GB/T 1345—2005《水泥细度检验方法　筛析法》测定，它们的筛余 80 μm 方孔筛，筛余不大于10%；45 μm 方孔筛筛余不大于30%。
6. 样品处理：水泥样品应该充分拌匀，通过 0.9 mm 方孔筛，筛余后的水泥，才能做细度试验的样品。

7. GB/T 1345—2005《水泥细度检验方法 筛析法》中规定检测水泥细度有三种方法，即负压筛、水筛、干筛，其结果有争议时以负压筛的结果为准。

操作活动

下面具体讲如何进行水泥细度检测：

一、试验目的

水泥的细度对水泥的水化、凝结、硬化、强度都有直接影响，通过水泥细度的测定，可判断其是否符合国标要求。

二、仪器设备

（1）负压筛；（2）水筛；（3）干筛；（4）天平。

三、试验步骤

（1）负压筛法。

① 水泥样品应充分拌匀，通过 0.9 μm 方孔筛，记录筛余物情况，要防止过筛时混进其他水泥。

② 筛析试验前，应把负压筛放在筛座上，盖上筛盖，接通电源，检查控制系统，调节负压至 4~6 kPa 范围内。

③ 称取试样 25 g，置于洁净的负压筛中，盖上筛盖，放在筛座上，开动筛析仪连续筛析 2 min，在此期间如有试样附着在筛盖上，可轻轻地敲击，使试样落下；筛毕，用天平称取筛余物。

④ 当工作负压小于 4 kPa 时，应清理吸尘器内水泥，使负压恢复正常。

（2）水筛法。

① 同前法处理样品。

② 筛析试验前，应检查水中无泥、砂，调整好水压及水筛架的位置，使其能正常运转，喷头底面和筛网之间距离为 35~75 mm。

③ 称取试样 50 g，置于洁净的水筛中，立即用淡水冲洗至大部分细粉通过后，放在水筛架上，用水压为 0.05±0.02 MPa 的喷头连续冲洗 3 min。筛毕，用少量水把筛余物冲至蒸发皿中，等水泥颗粒全部沉淀后，小心倒出清水，烘干并用天平称量筛余物。

结果计算与式（1.1）相同。

注：当负压筛法与水筛法测定结果发生争议时，以负压筛法为准。

四、试验数据处理

（1）水泥试样筛余百分数按式（1.1）计算：

$$F = \frac{R_s}{W} \times 100\% \tag{1.1}$$

式中 F——水泥式样的筛余百分数（%）；

R_s——水泥筛余物的质量（g）；

W——水泥式样的质量（g）。

结果精确到 0.1%。

（2）结果判定：

80 μm 方孔筛，筛余不大于 10%；45 μm 方孔筛，筛余不大于 30%。

知识的运用

让同学们分组，按上述所讲的试验步骤，分别用其中的负压筛法和干筛法，去检验 P.S.A 32.5 强度等级的水泥细度，并根据其试验结果，按照国标要求判定其是否合格并出具试验报告。

思考练习题

1. 《通用硅酸盐水泥》中规定，什么品种水泥用勃氏法标准检验水泥细度？
2. 《通用硅酸盐水泥》中规定，什么品种水泥用筛析法标准检验水泥细度？
3. 试样在试验前要怎样处理？
4. 筛析法有几种试验方法？哪种方法为准？

成绩评定

任务评价						
序号	检测项目	检测内容及要求	配分	学员自评	学员互评	教师评分	得分
1	职业修养	安全、纪律	10				
2		文明、礼仪、行为习惯	5				
3		工作态度	5				
4	专业能力	掌握水泥细度知识点	10				
5		掌握细度试验规范	20				
6		掌握试验仪器的使用方法	10				
7		掌握试验技能	20				
8		掌握数据分析方法	10				
9		掌握相关知识点	10				
综合评价							

知识拓展

水泥颗粒越细，其比表面积越大，与水的接触面越多，水化反应进行得越快、越充分，凝结硬化越快，强度（特别是早期强度）越高。一般认为，粒径小于 40 μm 的水泥颗粒才具有较高的活性；大于 100 μm 时，则几乎接近惰性。

一些试验和资料表明：3～30 μm 的水泥颗粒具有良好的水化活性，对强度起主要作用；小于 3 μm 的细颗粒对凝结时间和早期强度有利；10～30 μm 的颗粒对 7～28 d 的强度增长有重要作用；大于 40 μm 的颗粒基本上起微集料的作用，水化十分缓慢。因此水泥的细度对水泥的性质有很大的影响。但水泥越细，越易吸收空气中的水分而受潮，不利于储存。

此外，提高水泥的细度要增加粉磨能耗，降低粉磨设备的生产率，增加成本。

任务二 水泥标准稠度用水量

案例导入

某一混凝土搅拌站，由于对工作的不负责，在做一批 P.C 32.5 水泥的凝结时间时，所使用的水泥净浆，不是标准净浆，而是随意使用了一个用水量。在将混凝土运送到达工地时，由于初凝时间的不准确，导致混凝土凝结在罐车中无法倒出，从而延误了工地的使用。

任务目标

1. 了解测定水泥标准稠度用水量的意义。
2. 掌握水泥标准稠度用水量的定义及相关知识。
3. 能够正确使用试验的设备与仪器。
4. 熟练掌握水泥标准稠度用水量试验的操作过程。
5. 掌握试验结果的分析。

关联知识

1. 根据 GB 175—2007《通用硅酸盐水泥》规定，通用水泥的初凝时间不得早于 45 min，而终凝时间 P.Ⅰ，P.Ⅱ不超过 6 h 30 min。而其他的水泥，P.F，P.O，P.S.A，P.S.B，P.P 的终凝时间不得超过 10 h。

2. GB/T 1346—2011《水泥标准稠度用水量、凝结时间、安定性检验方法》中规定：
（1）做标准稠度试验方法有两种，即：
① 标准法（试杆为主）；
② 代用法（试锥为主）。

（2）标准稠度。

标准稠度指水泥浆体的干稀程度。要达到国标所规定的要求范围，即试杆下沉深度距底板距离为 6±1 mm。

（3）标准稠度的范围。

当试杆沉入净浆并距底板 6±1 mm 的水泥净浆为标准稠度净浆。

S——沉入度，试杆进入净浆的深度；

P——稠度，水与水泥质量的百分比。

（4）标稠测定整个操作应在搅拌后 1.5 min 内完成。

操作活动

下面具体讲如何进行水泥标准稠度。

一、试验目的

检验水泥的凝结时间和体积安定性时，水泥净浆的稠度会影响试验结果。为使其测定结果具有可比性，必须采用标准稠度的水泥净浆进行试验。

二、仪器设备

（1）水泥净浆搅拌机；（2）水泥标准稠度凝结测定仪；（3）湿气养护箱；（4）搅拌锅；（5）其他辅助工具。

三、试验步骤

（1）校核仪器，调整检查维卡仪的金属棒能否自由滑动，试模和玻璃底板用湿布擦拭，将试模放在底板上，在试杆接触玻璃板时将指针对准零点，检查搅拌机是否运行正常。

（2）水泥净浆的拌制用水泥净浆搅拌机进行，搅拌锅和搅拌叶片先用湿布擦过，将拌和水倒入搅拌锅内；然后在 5～10 s 内小心将称好的 500 g 水泥加入水中，防止水和水泥溅出；在拌和时，先将锅放在搅拌机的锅座上，升至搅拌位置，启动搅拌机，低速搅拌 120 s，停 15 s，同进将叶片和锅壁上的水泥浆刮入锅中间，接着高速搅拌 120 s 停机。

（3）标准稠度用水量的测定：拌和结束后，立即取适量水泥净浆一次性将其装入已置于玻璃底板上的试模中，浆体超过试模上端，用宽约 25 mm 的直边刀轻轻拍打超出试模部分的浆体 5 次以排除浆体中的孔隙，然后在试模上表面约 1/3 处，略倾斜于试模分别向外轻轻锯掉多余净浆，再从试模边沿轻抹顶部一次，使净浆表面光滑。在锯掉多余净浆和抹平的操作过程中，注意不要压实净浆，抹平后迅速将试模和底板移到维卡仪上，并将其中心定在试杆下，降低试杆直至与水泥净浆表面接触，拧紧螺丝 1～2 s 后，突然放松，使试杆垂直自由沉入水泥净浆中；在试杆停止沉入或释放试杆 30 s 时，记录试杆距底板之间的距离，升起试杆后，立即擦净。整个操作应在搅拌后 1.5 min 内完成，以试杆沉入净浆并距底板 6 mm±1 mm 的水泥净浆为标准稠度净浆，其拌和水量为该水泥的标准稠度用水量（P），按水泥质量的百分比计。

试验记录见"水泥物理力学性能试验表"。

四、试验数据处理

当 S 值在 33~35 mm 时，也就是试杆进入净浆距底板距离 6 ± 1 mm 时为标准稠度。

知识的运用

让同学们分组，按上述方法找到 P.O 32.5 水泥的标准稠度。

思考练习题

1. 在 GB 175—2007《通用硅酸盐水泥》中，水泥有几个物理指标需要检验？
2. 标准稠度是水泥的物理指标吗？
3. 为什么要测出标准稠度的水泥净浆？

成绩评定

任务评价							
序号	检测项目	检测内容及要求	配分	学员自评	学员互评	教师评分	得分
1	职业修养	安全、纪律	10				
2		文明、礼仪、行为习惯	5				
3		工作态度	5				
4	专业能力	掌握水泥标准稠度知识点	10				
5		掌握水泥标准稠度试验规范	20				
6		掌握试验仪器的使用方法	10				
7		掌握试验技能	20				
8		掌握数据分析方法	10				
9		掌握相关知识点	10				
综合评价							

知识拓展

为使水泥制品能够成型，水泥浆体应具有一定的塑性和流动性，所加入的水一般要远远超过水化的理论需水量。多余的水在水泥石中形成较多的毛细孔和缺陷，影响水泥的凝结硬化和水泥石的强度。硅酸盐水泥的标准稠度用水量一般在 21%~28%。

在混凝土的配制和生产过程中,当保持混凝土工作性能不变时,会引起混凝土水灰(胶)比增大、强度下降,或对减水剂的需求量增大。标准稠度用水量每增加 1%,普通混凝土用水量就要增加 6~8 kg/m³,因此,标准稠度用水量小的水泥,在配制混凝土时,对减少混凝土单方用水量有利。影响水泥需水量的因素有熟料的矿物组成、烧成质量、水泥的颗粒分布、比表面积以及混合材品种及掺量等。

任务三　凝结时间的测定

案例导入

某工地正在修建一栋 40 层的楼房。当工程进行到 39 层时,由于工期紧,刚进的一批水泥就没来得及做凝结时间的试验。而是沿用了上批水泥的终凝时间作参考。可当把圈梁的模板拆完,接着往下施工时,事故发生了,所有圈梁全被破坏。查其原因,是由于该批水泥的终凝时间过长,而水泥的早期强度又没有达到要求就过早拆模。终造成事故的发生。由此可见,严格掌握每一批水泥的初、终凝时间,对工程有着多么重要的指导意义。

任务目标

1. 了解测定水泥凝结时间的意义。
2. 掌握水泥凝结时间的定义及相关知识。
3. 能够正确使用试验的设备与仪器。
4. 熟练掌握水泥凝结时间试验的操作过程。
5. 掌握试验结果的分析与评定。

关联知识

1. 凝结时间:
凝结时间是指水泥从加水拌和开始,到失去流动性,即从可塑状态发展到固体状态所需要的时间。
2. 初凝时间:
初凝时间是指从水泥加水拌和起到水泥浆开始失去可塑性所需要的时间。
3. 终凝时间:
终凝时间是指从水泥加水拌和起到水泥浆完全失去可塑性,并开始产生了强度所需要的时间。

操作活动

下面具体讲如何测定水泥的凝结时间：

一、试验目的

水泥的凝结时间对工程施工具有极重要的意义。初凝太快，会给施工造成不便。终凝太慢又会影响施工进度，所以在施工中一定要准确掌握水泥的初、终凝时间，避免带来不必要的损失。

二、仪器设备

（1）标准法维卡仪；（2）玻璃板；（3）圆模。

三、试验步骤

（1）测定前准备工作。调整凝结时间测定仪的试针接触玻璃板时，将指针对准零点。

（2）试件的制备。以标准稠度的水泥净浆一次装满试模，振动数次刮平，立即放入湿气养护箱中。记录水泥全部加入水中的时间作为凝结时间的起始时间。

（3）初凝时间的测定。试件在湿气养护箱中养护至加水后 30 min 时进行第一次测定。测定时，从湿气养护箱中取出试模放到试针下，降低试针与水泥净浆表面接触，拧紧螺丝 1~2 s，突然放松，试针垂直自由地沉入水泥净浆。观察试针停止下沉或释放试针 30 s 时指针的读数。当试针沉至距底板 4±1 mm 时，为水泥达到初凝状态，达到初凝时应立即复测一次，当两次结论相同时才能定为初凝状态。由水泥全部加入水中至初凝状态所经历时间为水泥的初凝时间，用"min"表示。

（4）终凝时间的测定。为了准确观测试针沉入的状况，在终凝针上安装了一个环形附件。在完成初凝时间测定后，立即将试模连同浆体以平移的方式从玻璃板取下，翻转180°，直径大端向上、小端向下放在玻璃板上，再放入湿气养护箱中继续养护，临近终凝时间每隔 15 min 测定一次，当试针沉入试体 0.5 mm 时，即环形附件开始不能在试体上留下痕迹时，为水泥达到终凝状态，达到终凝时应立即复测一次，当两次结论相同时才能定为终凝状态。由水泥全部加入水中至终凝状态所经历的时间为水泥的终凝时间，用"min"表示。

（5）测定时应注意，在最初的测定操作时应用手轻轻扶持金属柱，使其徐徐下降，以防试针撞弯，但结果要以自由下落为准。在整个测试过程中试针沉入的位置至少要距试模内壁 10 mm，临近初凝时，每隔 5 min 测定一次；临近终凝时，每隔 15 min 测定一次；到达初凝时应立即重复测一次，当两次结论相同时才能确定到达初凝状态；到达终凝时，需要在试体另外两个不同点测试，结论相同时才能确定到达终凝状态。每次测定不能让试针落入原针孔，每次测试完毕须将试针擦净并将试模放回湿气养护箱内，整个测试过程要防止试模受振。

注：可以使用能得出与标准中规定方法相同结果的凝结时间自动测定仪，使用时不必翻转试体。试验记录见"水泥物理力学性能试验表"。

四、试验数据处理

（1）初凝——水泥从加水开始至长试针沉入净浆距底板距离为 4±1 mm 时为净浆达到

初凝状态。

（2）终凝——水泥从加水搅拌开始至短试针沉入净浆试件 0.5 mm 时为净浆达到终凝状态。

实测初、终凝时间与《通用硅酸盐水泥》规定对比，写出结论。

知识的运用

让同学们分组将标准净浆按试验步骤分别测出满足初、终凝的具体国家要求的初凝和终凝的具体时间。

思考练习题

1. 在实测初凝、终凝的操作过程中，国标在操作时间和达到初凝、终凝状态上各有何规定和要求？
2. 国标中，对初凝、终凝的合格规定是什么？

成绩评定

		任　务　评　价					
序号	检测项目	检测内容及要求	配分	学员自评	学员互评	教师评分	得分
1	职业修养	安全、纪律	10				
2		文明、礼仪、行为习惯	5				
3		工作态度	5				
4	专业能力	掌握水泥凝结时间知识点	10				
5		掌握水泥凝结时间试验规范	20				
6		掌握试验仪器的使用方法	10				
7		掌握试验技能	20				
8		掌握数据分析方法	10				
9		掌握相关知识点	10				
综合评价							

知识拓展

水泥初凝时，凝聚结构形成，水泥浆开始失去塑性，若在水泥初凝后还进行施工，不但由于水泥浆体塑性降低不利于施工成型，而且还将影响水泥内部结构的形成，降低强度。所以，为使混凝土和砂浆有足够的时间进行搅拌、运输、浇注、振捣、成型或砌筑，水泥的初凝时间不能太短；当施工结束以后，则要求混凝土尽快硬化，并具有强度，因此水泥的终凝时间不能太长。

水泥凝结时间的长短对水泥混凝土的施工有着重要意义。初凝时间太短，不利于整个混凝土施工工序的正常进行；但终凝时间过长，又不利于混凝土结构的形成、模具的周转，以及会影响到养护周期时间的长短等。

因此，水泥凝结时间要求初凝不宜过短，终凝时间不宜过长。

任务四　水泥安定性试验

案例导入

某施工工地要修建一条万米跑道，由于对进场的 PI42.5 强度等级的水泥认为质量不错，所以没有做安定性试验。铺上路面后，由于该水泥中游离氧化物等有害物质超标，结果跑道在水泥初凝后路面全部开裂，造成巨大损失。

任务目标

1. 了解测定水泥体积安定性的意义。
2. 掌握水泥体积安定性的定义及相关知识。
3. 能够正确使用试验的设备与仪器。
4. 熟练掌握水泥体积安定性试验的操作过程。
5. 掌握试验结果的分析与评定。

关联知识

1. GB/T 1346—2011《水泥标准稠度用水量、凝结时间、安定性检验方法》中规定，安定性试验方法有两种，即雷氏法和试饼法，结果有争议时以雷氏法为主。
2. 雷氏法是测定标准净浆在雷氏夹沸煮后的膨胀值，需做两个试件：A 和 C。
3. 试饼法是观察标准净浆试饼（试饼直径为 70~80 mm，高 10 mm），在沸煮后的外形变化来检验水泥的安定性，也是需做两个试件。
4. 两种方法的沸煮时间都为 3 h ± 5 min。

操作活动

下面具体讲如何检测水泥的安定性：

一、试验目的

本实验主要是检验由游离氧化钙而引起水泥体积的变化,以此判断水泥体积安定性是否合格。

二、仪器设备

(1)沸煮箱;(2)雷氏夹;(3)玻璃板。

三、试验步骤

(1)雷氏法(标准法)。

① 测定前的准备工作。每个试样需成型两个试件,每个雷氏夹需配两个边长或直径约80 mm、厚度 4~5 mm 的玻璃板,凡与水泥净浆接触的玻璃板表面和雷氏夹内表面都要稍稍涂上一层油。

② 雷氏夹试件的成型。以标准稠度用水量加水,按水泥净浆的拌制方法制备标准稠度净浆。将预先准备好的雷氏夹放在已稍擦油的玻璃板上,并立即将已制备好的标准稠度净浆装满雷氏夹。装浆时一只手轻轻扶持雷氏夹,另一只手用宽约 25 mm 的直边刀在浆体表面轻轻插捣 3 次,然后抹平,盖上稍涂油的玻璃板,接着立即将试件移至湿气养护箱内养护 24±2 h。

③ 沸煮。调整好沸煮箱内的水位,使之在整个沸煮过程中都能没过试件,不需中途添补试验用水,同时保证水温在 30±5 min 内能升至沸腾。

脱去玻璃板取下试件,先测量雷氏夹指针尖端间的距离(A),精确到 0.5 mm,接着将试件放入沸煮箱水中的试件架上,指针朝上,试件之间互不交叉,在 30±5 min 内加热至水沸腾并恒沸 3 h±5 min。

④ 结果判别。在沸煮结束后,立即放掉沸煮箱中的热水,打开箱盖,待箱体冷却至室温,取出试件进行判别。测量雷氏夹指针尖端的距离(C),精确到 0.5 mm,当两个试件煮后增加距离($C-A$)的平均值不大于 5.0 mm 时,即认为该水泥安定性合格;当两个试件的($C-A$)值相差超过 4.0 mm 时,应用同一样品立即重做一次试验。再如此,则认为该水泥安定性不合格。

(2)试饼法(代用法)。

① 测定前的准备工作。每个样品需准备两块一般为 100 mm×100 mm 的玻璃板,凡与水泥净浆接触的玻璃板都要稍稍涂上一层油。

② 试饼的成型方法。将制好的标准稠度净浆取出一部分分成两等份,使之呈球形,放在预先准备好的玻璃板上,轻轻振动玻璃板并用湿布擦净的小刀由边缘向中央抹动,做成直径 70~80 mm、中心厚约 10 mm、边缘渐薄、表面光滑的试饼,接着将试饼放入湿气养护箱内养护 24±2 h。

③ 沸煮。调整好沸煮箱内的水位,使之在整个沸煮过程中都能没过试件,不需中途添补试验用水,同时保证水温在 30±5 min 内能升至沸腾。

脱去玻璃板取下试件,用试饼法时,先检查试饼是否完整(如已开裂、翘曲,要检查原因,确定无外因时,该试饼已属不合格品,不必沸煮),在试饼无缺陷的情况下,将试饼放在沸煮箱水中的箅板上,然后在 30±5 min 内加热至水沸腾并恒沸 3 h±5 min。

④ 结果判别。在沸煮结束后,立即放掉沸煮箱中的热水,打开箱盖,待箱体冷却至室温,

取出试件进行判别。目测试饼未发现裂缝，用钢直尺检查也没有弯曲（使钢直尺和试饼底部紧靠，以两者间不透光为不弯曲）的试饼为安定性合格，反之为不合格。当两个试饼判别结果有矛盾时，该水泥的安定性为不合格。试验记录见"水泥物理力学性能试验表"。

四、试验数据处理

（1）雷氏法。

试件 $C-A$ 的平均值不大于 5 mm 时即认为该水泥合格。

试件 $C-A$ 值相差超过 4 mm 时，应用同一样品立即重做一次。若还是如此，则认为该水泥安定性不合格。

（2）试饼法。

如检查后试饼无裂痕，无弯曲为合格，反之则为不合格。

实测膨胀值和试饼表面观察，是否满足标准范围，写出结论。

知识的运用

让学生分组将标准净浆分别用两种方法做出标准试件，沸煮后，按国标要求检验其合格与否，然后出具试验报告。

思考练习题

1. 哪些物质过多会引起安定性的不合格？
2. 安定性试验有几种试验方法，以哪种试验方法为主？
3. 按国标要求沸煮需要多长时间？

成绩评定

序号	检测项目	检测内容及要求	配分	学员自评	学员互评	教师评分	得分
		任 务 评 价					
1	职业修养	安全、纪律	10				
2		文明、礼仪、行为习惯	5				
3		工作态度	5				
4	专业能力	掌握水泥安定性知识点	10				
5		掌握水泥安定性试验规范	20				
6		掌握试验仪器的使用方法	10				
7		掌握试验技能	20				
8		掌握数据分析方法	10				
9		掌握相关知识点	10				
	综合评价						

知识拓展

水泥在凝结硬化过程中，总是伴随一定体积上的变化，这种变化如果轻微均匀，或发生在水泥完全失去塑性之前，将不会影响混凝土的质量。但如果水泥产生不不均匀变形或在水泥硬化后变形较大，会使混凝土构件产生变形、膨胀，严重时造成开裂，从而影响混凝土的质量，此时这种水泥称为体积不安定的水泥。

水泥安定性不良是由于水泥中某些有害成分造成的，如掺加石膏时带入的三氧化硫（SO_3）、水泥煅烧时残存的游离氧化镁（MgO）或游离氧化钙（CaO）等，这些成分在水泥浆体硬化过程和硬化后会继续与水或周围的介质发生反应，反应后形成的产物体积增大，引起水泥石内部的不均匀体积变化。当这种变化形成的应力超出水泥结构所能承受的极限时，将会给整个结构造成极为不利的影响，严重时引起结构的破坏。

任务五　水泥胶砂强度检测

案例导入

90年代某省有一座叫"彩虹"的公路桥竣工不久，突然发生倒塌事件，造成车毁人亡的重大事故。其后经调查发现，由于在施工中，对水泥保管不当，使水泥大量受潮，又没实测其强度指标，造成这次重大事故的发生。可见在工程中，严格控制和监测水泥强度指标是件多么重要的事情。

任务目标

1. 了解测定水泥胶砂强度等级的意义。
2. 掌握水泥胶砂强度的定义及相关知识。
3. 能够正确使用试验的设备与仪器。
4. 熟练掌握水泥胶砂强度试验的操作过程。
5. 掌握试验结果的分析与评定。

关联知识

1. 水泥强度：
水泥强度是指水泥胶砂试件单位面上所能承受的最大外力，是表示水泥力学性质的重要指标，也是划分水泥强度等级的重要依据。根据外力作用方式的不同，水泥强度可分为抗压强度、抗折强度、抗拉强度。

2. 龄期：
测定水泥浆、水泥胶砂和混凝土的物理力学性能时，从水泥加水拌和时起至性能实测时为止的养护时间，为龄期。对于水泥胶砂强度的龄期分为两个时间段，即 3 d 和 28 d。

3. ISO 法：

国际标准化组织的标准属于国际标准方法。我国胶砂强度检测，首先等效采用了 ISO 法。

4. 标准砂：

检验水泥强度专用的细集料。由高纯度的天然石英砂经筛洗加工制成。对二氧化硅含量和粒度组成有规定质量要求。

5. 标准简介：

（1）GB 175—2007《通用硅酸盐水泥》标准，为强制性国标。

① 通用硅酸盐水泥的所有技术指标都必须符合该标准的所有规定。与本试验有关的是该标准中 7.3.3 强度这一条，"不同品种、不同强度等级的通用硅酸盐水泥，其不同龄期的强度应符合表 3 的规定。"

② 另外在该标准中还有 8.6 条与强度有关，就是"P.P，P.F，P.C，P.O 四个品种的水泥，在进行胶砂强度检验时，其用水量按 0.5 水灰比和胶砂流动度不小于 180 mm 来确定。当流动度小于 180 mm 时，需以 0.01 整数倍递增的方法，将水灰比调整至胶砂流动度不小于 180 mm。"

（2）GB/T 17671—1999《水泥胶砂强度检验方法（ISO 法）》为推荐性国标。

① 根据此标准规定，制成 40 mm × 40 mm × 160 mm 的标准试件，其水泥和标准砂的比值为 1∶3，水灰比为 0.5。在标准湿度和温度条件下进行养护。测定 3 d 及 28 d 的抗折和抗压强度。

② 在标准 10.1 总则中规定："强度测定方法有两种主要用途，即合格检验和验收检验。本条叙述了合格检验，即用它确定水泥是否符合规定的强度要求。"

操作活动

下面具体讲如何进行水泥胶砂强度检测：

一、试验目的

本试验的目的是测定水泥各龄期的抗折强度及抗压强度，从而确定或检验水泥的强度等级。

二、仪器设备

（1）行星式水泥胶砂搅拌机；（2）胶砂振实台；（3）抗折强度试验机；（4）抗压试验机；（5）抗压夹具；（6）三联试模；（7）其他辅助工具。

三、试验步骤

（1）试件成型。

成型前将试模擦净，用黄干油等密封材料涂覆试模的外接缝，试模的内表面应涂上一薄层机油。

（2）胶砂组成。

① 基准砂：ISO 基准砂是由德国标准砂公司制备的 SiO_2 含量不低于 98% 的天然的圆形硅质砂组成，其颗粒分布在表 1.1 规定的范围内。

表 1.1 ISO 基准砂颗粒分布

方孔边长/mm	累计筛余/%	方孔边长/mm	累计筛余/%
2.0	0	0.50	67±5
1.6	7±5	0.16	87±5
1.0	33±5	0.08	99±1

砂的筛析试验应采用代表性的样品来进行，每个筛子的筛析试验应进行至每分钟通过量小于 0.5 g 为止。砂的湿含量是在 105～110 ℃下用代表性砂样烘 2 h 的质量损失来测定，以干砂的质量百分数表示。砂的含水率应小于 0.2%。

② 中国 ISO 标准砂：中国 ISO 标准砂完全符合 ISO 基准砂颗粒分布和含水率的规定。

③ 水泥：试验用水泥从取样到试验要保持 24 h 以上时，应把它储存在基本装满和气密的容器里，这个容器应不与水泥起反应。

④ 水：试验或其他重要试验用蒸馏水，其他试验可用饮用水。

（3）胶砂制备。

胶砂的质量配合比应为 1 份水泥、3 份标准砂和 1 份水（水灰比 0.5），一锅成型 3 条。

① 每成型 3 条试体各种材料用量如表 1.2 所示。

表 1.2 每锅胶砂的材料数量

水泥品种＼材料量	水泥/g	标准砂/g	水/mL
硅酸盐水泥 普通硅酸盐水泥 矿渣硅酸盐水泥 粉煤灰硅酸盐水泥 复合硅酸盐水泥 石灰石硅酸盐水泥	450±2	1 350±2	225±1

② 水泥、砂、水和试验用具的温度与试验室相同，称量用的天平精度应为 ±1 g。当用自动滴管加 225 mL 水时，滴管精度应达到 ±1 mL。

③ 每锅胶砂用搅拌机进行机械搅拌。先使搅拌机处于待工作状态，然后按下面的程序进行操作：先把水倒入锅内，再加入水泥，把锅放在固定架上，上升至固定位置后立即开动机器，低速搅拌 30 s 后，在第二个 30 s 开始的同时均匀地将砂子加入，当各级砂分装时，从最粗粒级开始，依次将所需的每级砂倒入锅内，再高速拌和 30 s，停拌 90 s，在第一个 15 s 内用一胶皮刮具将叶片和锅壁上的胶砂刮入锅中间，再高速继续搅拌 60 s。各个搅拌阶段，时间误差应在 +1 s 以内。

(4)试件制备。

① 胶砂制备后立即成型。将空试模和模套固定在振实台上,用小勺从搅拌锅里把胶砂分两层装入试模,装第一层时,每个槽里约放 300 g 胶砂,用大播料器垂直架在模套顶部沿每个模槽来回一次将料层播平,接着振实 60 次。再装入第二层胶砂,用小播料器播平,再振实 60 次,移走模套,从振实台上取下试模,用一金属直尺以近似 90°的角度架在试模模顶的一端,然后沿试模长度方向以横向锯割动作慢慢向另一端移动,一次将超过试模部分的胶砂刮去,并用同一直尺以近乎水平的情况下将试体表面抹平。在试模上做标记或加字条对试件编号。

② 当使用代用振动台成型时,操作如下:在搅拌胶砂的同时将试模和下料漏斗卡紧在振动台的中心。将搅拌好的全部胶砂均匀地装入下料漏斗中,开动振动台,胶砂通过漏斗流入试模。振动 120±5 s 停止。振动完毕,取下试模,用刮平尺以规定的刮平手法刮去其高出试模的胶砂并抹平,接着在试模上做标记或用字条表明试件编号。

(5)试件的养护。

① 脱模前的处理和养护。去掉留在试模四周的胶砂,立即将做好标记的试模放入雾室或湿箱的水平架子上养护,湿空气应能与试模各边接触。在养护时不应将试模放在其他试模上,一直养护到规定的脱模时间时取出脱模。脱模前,用防水墨汁或颜料笔对试体进行编号或做其他标记,对两个龄期以上的试体,在编号时应将同一试模中的三条试体分在两个以上龄期内。

② 脱模。脱模应非常小心。对于 24 h 龄期的,应在破型试验前 20 min 内脱模;对于 24 h 以上龄期的,应在成型后 20~24 h 脱模。

注:如经 24 h 养护,会因脱模对强度造成损害的,可以延迟至 24 h 以后脱模,但在试验报告中应予说明。

已确定作为 24 h 龄期试验(或其他不下水直接做试验)的已脱模试体,应用湿布覆盖至做试验时为止。

③ 水中养护。将做好标记的试件立即水平或竖直放在 20±1 ℃水中养护,水平放置时刮平面应朝上,试件放在不易腐烂的篦子上(不宜用木篦子),并彼此间保持一定间距,以让水与试件的六个面接触。养护期间试件之间间隔或试体上表面的水深不得小于 5 mm。

每个养护池只养护同类型的水泥试件。最初用自来水装满养护池(或容器),随后随时加水保持适当的恒定水位。不允许在养护期间全部换水,除 24 h 龄期或延迟至 48 h 脱模的试体外,任何到龄期的试体应在试验(破型)前 15 min 从水中取出,揩去试体表面沉积物,并用湿布覆盖到试验为止。

④ 试体龄期从水泥加水搅拌开始试验时算起,不同龄期强度试验在下列时间里进行:
24 h±15 min;   48 h±30 min;   72 h±45 min;   7 d±2 h;   28 d±8 h

(6)强度测定。

① 抗折强度测定。

将试体一个侧面放在试验机支撑圆柱上,试体长轴垂直于支撑圆柱,通过加荷圆柱以 50±10 N/s 的速率均匀地将荷载垂直地加在棱柱体相对侧面上,直至折断。

保持两个半截棱柱体处于潮湿状态直至抗压试验。

抗折强度 R_f 以 MPa 表示,按式(1.2)计算。

$$R_\mathrm{f} = \frac{1.5 F_\mathrm{f} L}{b^3} \qquad (1.2)$$

式中　R_f——抗折强度（MPa）；

　　　F_f——破坏荷载（N）；

　　　L——支撑圆柱中心距（mm）；

　　　b——试件断面正方形的边长，为 40 mm。

② 抗压强度测定。

在半截棱柱体的侧面上进行，半截棱柱体中心与压力机压板受压中心差应在 ± 0.5 mm 内，棱柱体露在压板外的部分约 10 mm，以 2 400 ± 200 N/s 的速率均匀地加荷直至破坏。抗压强度 R_c 以 MPa 表示，按式（1.3）计算。

$$R_\mathrm{c} = \frac{F_\mathrm{c}}{A} \qquad (1.3)$$

式中　R_c——试件的抗压强度（MPa）；

　　　F_c——试件破坏时的最大荷载（N）；

　　　A——试件受压部分面积（mm^2），40 mm × 40 mm = 1 600 mm^2。

（7）水泥的合格检验。

① 以一组 3 个棱柱体抗折强度的平均值作为试验结果。当 3 个强度值中有 1 个超出平均值的 ± 10% 时，应将其剔除后再取平均值作为抗折强度试验结果。

② 以一组 3 个棱柱体上得到的 6 个抗压强度测定值的算术平均值为试验结果。如 6 个测定值中有 1 个超出平均值的 ± 10%，将其剔除，以剩下 5 个的平均值为测定结果，如果 5 个测定值中再有超过它们平均值的 ± 10% 的，则此组结果作废。

③ 各试体的抗折强度记录至 0.1 MPa，按规定计算平均值，计算精确到 0.1 MPa。各个半棱柱体得到的单个抗压强度结果计算至 0.1 MPa，按规定计算平均值，计算精确至 0.1 MPa。

知识的运用

现在有一水泥品种 P.C 强度等级为 42.5，让同学们分组取样，通过上面的实验步骤，检验并出具试验报告，并且判断该水泥是否合格。

思考练习题

1. 什么是水泥的强度试验等级？
2. 水泥强度测定有哪几个龄期？
3. 水泥受潮后该如何处理？
4. 影响水泥强度大小的主要因素有哪些？

成绩评定

序号	检测项目	检测内容及要求	配分	任务评价 学员自评	学员互评	教师评分	得分
1	职业修养	安全、纪律	10				
2		文明、礼仪、行为习惯	5				
3		工作态度	5				
4	专业能力	掌握水泥胶砂强度知识点	10				
5		掌握水泥胶砂强度试验规范	20				
6		掌握试验仪器的使用方法	10				
7		掌握试验技能	20				
8		掌握数据分析方法	10				
9		掌握相关知识点	10				
综合评价							

知识拓展

水泥的强度主要取决于水泥熟料矿物组成和相对含量以及水泥的细度,另外还与用水量、试验方法、养护条件、养护时间有关。水泥的胶砂强度取决于熟料的矿物组成和粉磨细度。矿物组成和粉磨细度决定了水泥的水化速度、水化产物本身的强度、形态与尺寸,因此对水泥强度的增长起着极为重要的作用。

水泥的强度也不是 C_3S、$\beta\text{-}C_2S$、C_3A、C_4AF 四种矿物的简单相加,矿物的数量和生长发育状况均会影响水泥强度的发展,但硅酸盐矿物的含量仍然是决定水泥强度的主要因素。C_3S 含量不仅控制早期强度,对后期强度的增长也有很大影响;C_2S 的含量在早期一直到 28 d 以前,对强度的影响不大,但却是决定后期强度的主要因素。

任务六 水泥胶砂流动度的测定

案例导入

某工地进了一批火山灰水泥,在检测强度之前,没做胶砂流动度试验,而是采用了同一水灰比,结果这批水泥的水灰比差异竟达 15% 以上,使其测定的强度大受影响,直接导致工程质量下降。

任务目标

1. 了解测定水泥胶砂流动度的意义。
2. 掌握水泥胶砂流动度的定义及相关知识。
3. 能够正确使用试验的设备与仪器。
4. 熟练掌握水泥胶砂流动度试验的操作过程。
5. 掌握试验结果的分析与评定。

关联知识

1. 水泥胶砂流动度：

水泥胶砂流动度是表示水泥胶砂流动性的一种量度。在一定加水量下，流动度取决于水泥的需水性。

2. 流动度的表示方式：

流动度以水泥胶砂在跳桌上扩展的平均直径 mm 来表示。

3. 标准简介：

（1）根据 GB 175—2007《通用硅酸盐水泥》规定，P.F，P.C，P.O，P.P 四个品种水泥，它们的流动度值必须达到 180 mm，否则需按 0.01 整倍递增的方法，调整用水量。

（2）胶砂的制备按 GB/T 17671—1999《水泥胶砂强度检验方法（ISO）法》规定做。

（3）标准流动范围：平均值≥180 mm。

（4）本次试验要求：从胶砂加水搅拌开始到测量扩散直径结束，应在 6 min 内完成。

操作活动

下面具体讲如何进行水泥胶砂流动度检测：

一、试验目的

由于水泥需水量的不同，使用定量的水拌制的水泥胶砂流动度亦不尽相同，这对测定水泥胶砂强度有着极大的影响。本方法主要是提供如何测定水泥胶砂流动度，从而确定水泥胶砂的适宜水量。

二、仪器设备

（1）胶砂搅拌机；（2）胶砂流动度测定仪；（3）试模，捣棒等工具。

三、试验步骤

（1）如跳桌在 24 h 内未被使用，先空跳一个周期 25 次。

（2）胶砂制备按有关规定进行。在制备胶砂的同时，用潮湿棉布擦拭跳桌台面、试模内壁、捣棒以及与胶砂接触的用具，将试模放在跳桌台面中央并用潮湿棉布覆盖。

（3）将拌好的胶砂分两层迅速装入流动试模，第一层装至截锥圆模高度约三分之二处，用小刀在相互垂直的两个方向各画 5 次，用捣棒由边缘至中心均匀捣压 15 次；随后，装第二层胶砂，装至高出截锥圆模约 20 mm，用小刀画 10 次再用捣棒由边缘至中心均匀捣压 10 次，捣压后胶砂应略高于试模。捣压深度，第一层捣至胶砂高度的二分之一，第二层捣实不超过已捣实底层表面。在装胶砂和捣压时，用手扶稳试模，不要使其移动。

（4）在捣压完毕后，取下模套，用小刀由中间向边缘分两次将高出截锥圆模的胶砂刮去并抹平，擦去落在桌面上的胶砂。将截锥圆模垂直向上轻轻提起。立刻开动跳桌，约每秒钟 1 次，在 25±1 s 内完成 25 次跳动。

（5）在跳动完毕后，用卡尺测量胶砂底面最大扩散直径及与其垂直的直径，计算平均值，取整数，用 mm 为单位表示，即该水量的水泥胶砂流动度。流动度试验，从胶砂拌和开始到测量扩散直径结束，应在 6 min 内完成。

四、试验数据处理

跳动完毕，用卡尺测量胶砂底面互相垂直的两个方向的直径，计算平均值，取整数，单位为 mm，该平均值即该水量的水泥胶砂流动度。以流动度的平均直径达到 ≥180 mm 时为准。

知识的运用

现有 P.P 品种水泥，其强度为 32.5，请同学们分组取样，利用上面所讲的试验步骤。检验其流动度的大小，并出具试验报告，判断其是否符合标准要求。

思考练习题

1. GB175—2007《通用硅酸盐水泥》中规定，有哪几个品种的水泥，在检验胶砂强度时需要做胶砂流动度试验？
2. 如果流动度值不满足标准要求时，该如何处理？
3. 此试验的结论，是否属于水泥的物理指标？

成绩评定

		任务评价					
序号	检测项目	检测内容及要求	配分	学员自评	学员互评	教师评分	得分
1	职业修养	安全、纪律	10				
2		文明、礼仪、行为习惯	5				
3		工作态度	5				
4	专业能力	掌握水泥胶砂流动度知识点	10				
5		掌握水泥胶砂流动度试验规范	20				

	6	掌握试验仪器的使用方法	10			
	7	掌握试验技能	20			
	8	掌握数据分析方法	10			
	9	掌握相关知识点	10			
综合评价						

知识拓展

胶砂流动度代表了水泥砂浆的工作性能，它从一定程度上可以反映该水泥用于混凝土后的性能。在其他因素、条件不变的前提下，可通过胶砂流动度这样小规模的试验对比水泥或外加剂，从而推断出该水泥或外加剂在混凝土中的性能表现，从而指导混凝土试配。

项目二 集料检测

任务一 细集料的颗粒级配及粗细程度检测

任务导入

武汉某桥梁工程进了一批同产地、同规格、同一进厂时间的 600 t 河砂,准备用于 C50 预制箱梁的生产。依据国标 GB/T 14684—2011《建设用砂》的要求取样,并开展常规试验检测其性能指标,看其是否符合国标的规定和设计要求。

任务目标

1. 了解理解细集料的相关知识。
2. 理解细集料试验的目的和意义。
3. 能正确使用试验设备与仪器。
4. 熟练掌握试验的过程。
5. 依据标准会对试验结果分析与评定。

相关知识

1. 标准:
GB/T 14684—2011《建设用砂》。
2. 基本原理:
(1) 什么叫集料?
集料也称骨料,在混合料中起支承和填充作用的粒料。混凝土中粒径小于 4.75 mm 的集料称为细集料。混凝土的细集料主要采用天然砂,有时也采用人工砂。天然砂根据产源不同,可分为河砂、湖砂、山砂和淡化海砂。

砂按技术要求分为 I 类、II 类、III 类。 I 类砂宜用于强度等级大于 C60 混凝土;II 类砂宜用于强度等级 C30~C60 及有抗冻、抗渗或其他要求的混凝土;III 类砂宜用于强度等级小于 C30 的混凝土和建筑砂浆。

根据国家标准 GB/T 14684—2011《建筑用砂》的规定,混凝土用砂应尽量选用洁净、坚硬、表面粗糙有棱角、有害杂质少的砂。

(2) 颗粒级配和粗细程度。
砂的颗粒级配是指砂中大小颗粒互相合理搭配的情况。如果大小颗粒搭配适当,小颗粒的砂恰好填满中等颗粒砂的空隙,而中等颗粒的砂又恰好填满大颗粒砂的空隙,这样彼此之间互相填满,使得砂的总空隙率达到最小,因此砂的级配良好也就意味着砂的空隙率较小。

砂的粗细程度是指不同粒径的砂混合在一起后的总体粗细程度,通常有粗砂、中砂和细砂之分。根据国家标准 GB/T 14684—2011《建筑用砂》的规定,砂按 600 μm 筛孔的累计筛余率(A_4)可分为 3 个级配区:A_4 = 71% ~ 85% 为Ⅰ区,A_4 = 41% ~ 70% 为Ⅱ区,A_4 = 16% ~ 40% 为Ⅲ区,建筑用砂的实际颗粒级配(各 A 值)应处于表 2.1 中的任何一个级配区内,说明砂子的级配良好。但表中所列的累计筛余率,除 4.75 mm 和 600μm 筛外,允许有超出分区界线,但其总量不应大于 5%,否则为级配不合格。

Ⅰ区砂粗粒较多,保水性较差,宜于配制水泥用量较多或流动性较小的普通混凝土。Ⅱ区砂颗粒粗细程度适中,级配最好。Ⅲ区砂颗粒偏细,用它配制的普通混凝土拌和物黏聚性稍大,保水性较好,容易插捣,但干缩性较大,表面容易产生微裂纹。

以累计筛余百分率为纵坐标,以筛孔尺寸为横坐标,根据表 2.1 的规定,可画出三个级配区的筛分曲线,如图 2.1 所示。当试验砂的筛分曲线落在三个级配区之一的上下线界限之间时,可认为砂的级配为合格。

表 2.1　砂的颗粒级配

筛孔尺寸	级配区		
	Ⅰ区	Ⅱ区	Ⅲ区
	累计筛余率/%		
9.50 mm	0	0	0
4.75 mm	10 ~ 0	10 ~ 0	10 ~ 0
2.36 mm	35 ~ 5	25 ~ 0	15 ~ 0
1.18 mm	65 ~ 35	50 ~ 10	25 ~ 0
600 μm	85 ~ 71	70 ~ 41	40 ~ 16
300 μm	95 ~ 80	92 ~ 70	85 ~ 55
150 μm	100 ~ 90	100 ~ 90	100 ~ 90

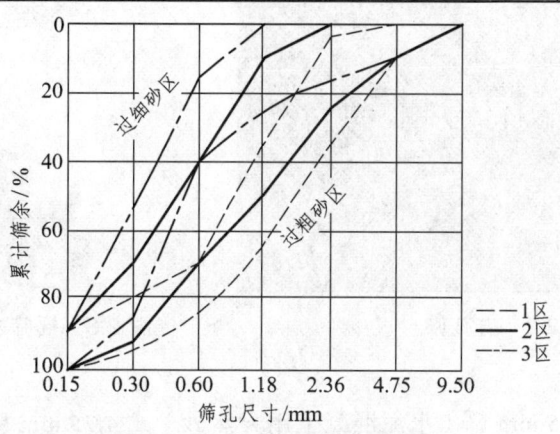

图 2.1　砂的级配曲线

细度模数是评价砂粗细程度的一种指标。细度模数的数值主要决定于各号筛上粒径的累计筛余量。

因为不同级配的砂可以具有相同的细度模数。

细度模数越大，表示砂越粗。按细度模数将砂分为：粗砂 $M_x = 3.7 \sim 3.1$；中砂 $M_x = 3.0 \sim 2.3$；细砂 $M_x = 2.2 \sim 1.6$。

操作活动

一、试验目的及适用范围

测定细集料（天然砂、人工砂、石屑）的颗粒级配及粗细程度。对水泥混凝土用细集料可采用干筛法，如果需要也可采用水洗法筛分；对沥青混合料及基层用细料必须用水洗法筛分。

注：当细集料中含有粗集料时，可参照此方法用水洗法筛分但需特别注意保护标准筛筛面不遭损坏。

二、试验准备

仪具与材料：

（1）方孔筛：规格为 9.5 mm、4.75 mm、2.36 mm、1.19 mm、0.6 mm、0.3 mm、0.15 mm 各一只，并有筛底和筛盖，见图 2.2。

（2）天平：称量 1 000 g，感量不大于 1 g。

（3）摇筛机，见图 2.3。

（4）烘箱：能控制温度在 105 ± 5 ℃。

（5）其他：浅盘和硬、软毛刷等。

图 2.2 方孔筛

图 2.3 摇筛机（型号：ZBSX-92A）

试样制备：

按规定取样，用 9.5 mm 筛（水泥混凝土用天然砂）或 4.75 mm（沥青路面及基层用天然砂、石屑、机制砂等）筛除去其中的超粒径材料（并算出筛余百分率）；然后将样品在潮湿状态下充分拌匀，用分料器法或四分法缩分至每份不少于 550 g 的试样两份；在 105 ± 5 ℃ 的烘箱中烘干至恒重，冷却至室温后备用。

注：恒重系指相邻两次称量间隔时间大于 3 h（通常不小于 6 h）的情况下，前后两次称量之差小于该项试验所要求的称量精密度。

三、操作活动要求

分组进行试验检测：分 6 个小组，每组 4~6 人（每组自行选出小组长、记录员、操作员及组员，大家互相配合并轮换共同完成本试验。小组长不变。）

四、试验步骤

干筛法试验步骤：

（1）称取烘干试样约 500 g（m_0），准确至 1 g，置于套筛的最上面一只，即 4.75 mm 筛上，将套筛装入摇筛机，摇筛约 10 min，然后取出套筛，再按筛孔大小顺序，从最大的筛号开始，在清洁的浅盘上逐个进行手筛，直到每分钟的通过量小于试样总质量的 0.1% 时为止，通过试样的颗粒并入下一号筛，和下一号筛中的试样一起过筛，以此顺序进行至各号筛全部筛完为止。

注：① 试样如为特细砂时，试样质量可减少到 100 g；
② 如试样含泥量超过 5%，不宜采用干筛法；
③ 无摇筛机时，可直接用手筛。

（2）称出各号筛的筛余量，精确至 1 g。试样在各号筛的筛余量不得超过式（2.1）计算的量。

$$G = \frac{A \times \sqrt{d}}{200} \tag{2.1}$$

式中　G——在一个筛上的筛余量（g）；
　　　A——筛面面积（mm^2）；
　　　d——筛孔尺寸（mm）。

超过时应按下列方法之一处理：

（1）将该粒级试样分成少于上式计算出的量，分别筛分，并以筛余量之和作为该号筛的筛余量。

（2）将该粒级以下各粒级的筛余混合均匀，称出其质量，精确至 1 g，再用四分法缩分为大至相等的两份，取其中一份，称出其质量，精确至 1 g，继续筛分。计算该粒级及以下各粒级的分计筛余时应根据缩分比例进行修正。

所有各筛的分计筛余量和底盘中剩余量之和与原试样质量（m_0）之差超过 1% 时，应重新试验。

五、试验数据处理

（1）计算分计筛余百分率。
各号筛上的筛余量除以试样总量（m_0）之比，精确至 0.1%。

（2）计算累计筛余百分率。
该号筛的分计筛余百分率加上该号筛以上的各号筛的分计筛余百分率之和，精确至 0.1%。

（3）计算质量通过百分率。

各号筛的质量通过百分率等于100减去该号筛的累计筛余百分率，精确至0.1%。

（4）根据各筛的累计筛余百分率或通过百分率，绘制级配曲线。

（5）天然砂的细度模数按式（2.2）计算，精确至0.01。

$$M_x = \frac{A_{0.15} + A_{0.3} + A_{0.6} + A_{1.18} + A_{2.36} - 5A_{4.75}}{100 - A_{4.75}} \quad (2.2)$$

式中　M_x —— 砂的细度模数；

$A_{0.15}, A_{0.3}, \cdots, A_{4.75}$ —— 0.15 mm, 0.3 mm, $\cdots$, 4.75 mm 各筛上的累计筛余百分率（%）。

（6）应进行两次平行试验，以试验结果的算术平均值作为测定值。累计筛余百分率的平均值，精确至1%。各号筛的累计筛余百分率，采用修约值比较法评定该试样的颗粒级配。细度模数平均值，精确至0.1。如两次试验所得的细度模数之差大于0.2，应重进行试验。试验记录见表2.2。

表 2.2　细集料技术性能试验记录

项目名称							取样地点		
使用范围							试验规程		
试验单位							试验日期		
试样质量	Ⅰ = 　　　　g						Ⅱ = 　　　　g		
筛孔尺寸/mm	分计筛余/g		分计筛余百分率/%		累计筛余百分率/%		平均值	通过百分率%	级配曲线
	Ⅰ	Ⅱ	Ⅰ	Ⅱ	Ⅰ	Ⅱ			
					A_1	A_1		B_1	
					A_2	A_2		B_2	
					A_3	A_3		B_3	
					A_4	A_4		B_4	
					A_5	A_5		B_5	
					A_6	A_6		B_6	
筛底									
砂的细度模数	$M_x = [(A_2+A_3+A_4+A_5+A_6) - 5A_1] / (100 - A_1)$							Ⅰ	
								Ⅱ	
								平均值	
结　论	属　　　　砂，颗粒级配处于　　　　区，级配								

试验者＿＿＿＿　组别＿＿＿＿　成绩＿＿＿＿　试验日期＿＿＿＿

思考练习题

1. 什么叫集料？
2. 称取干燥试样 500 g 进行筛分试验，应要求所有各筛的分计筛余量和筛底存量的总质量与 500 g 砂样之差不得超过_____g，否则重新进行试验。
3. 在做砂的筛分试验时，如两次试验所得的细度模数之差_____，应重新进行试验。
4. 砂按技术要求分为_____，_____，_____。_____类砂宜用于强度等级_____的混凝土；_____类砂宜用于强度等级_____及有抗冻抗渗或其他要求的混凝土；_____类砂宜用于强度等级_____的混凝土和建筑砂浆。
5. 细集料在混合料中起（　　）作用。粗集料在混合料中起（　　）作用。
   A. 骨架　　　B. 填充　　　C. 堆积　　　D. 分散
6. 沥青混合料中，粗细集料的分界粒径是（　　）mm，水泥混凝土集料中，粗细集料的分界粒径是（　　）mm。
   A. 2.36，2.36　　B. 4.75，4.75　　C. 2.36，4.75　　D. 4.75，2.36
7. 细度模数是采用 0.15～4.75 mm 粒径范围的细集料的（　　）参数计算的。
   A. 筛余质量　　B. 分计筛余百分率　　C. 累计筛余百分率　　D. 通过百分率
8. 细度模数为 3.0～2.3 的砂为（　　）。
   A. 粗砂　　　B. 中砂　　　C. 细砂　　　D. 特细砂
9. 细度模数相同的两种砂，其级配（　　）。
   A. 一定相同　　B. 一定不同　　C. 不一定相同　　D. 无法比较

成绩评定

任务评价						
序号	检测项目	检测内容及要求	配分	学员自评	学员互评	教师评分	得分
1	职业修养	安全、纪律	10				
2		文明、礼仪、行为习惯	5				
3		工作态度	5				
4	专业能力	团队意识、沟通与交流等	10				
5		检查仪器、设备	10				
6		称量、机筛、手筛	20				
7		试验记录、计算	10				
8		画　图	20				
9		按技术要求判断为几类砂级配是否符合国标规定	10				
综合评价							

知识拓展

水洗法试验步骤：

（1）称取烘干试样约 500 g（m_1），准确至 1 g。

（2）将试样置一洁净容器中，加入足够数量的洁净水，将集料全部淹没。

（3）充分搅动集料，将集料表面洗涤干净，使细粉悬浮在水中，但不得有集料从水中溅出。

（4）取 1.18 mm 及 0.075 mm 筛组成套筛。仔细将容器中混有细粉的悬浮液徐徐倒出，经过套筛流入另一容器，但不得将集料倒出。

注：不可直接倒至 0.075 mm 筛上，以免集料掉出损坏筛面。

（5）按（2）~（4）步骤，直至倒出的水洁净且小于 0.075 mm 的颗粒全部倒出。

（6）将容器中的集料倒入搪瓷盆中，用少量水冲洗，使容器上黏附的集料颗粒全部进入搪瓷盆中。将筛子反扣过来，用少量的水将筛上的集料冲入搪瓷盆中。操作过程中不得有集料散失。

（7）将搪瓷盆连同集料一起置 105 ± 5 °C 烘箱中烘干至恒重，称取干燥器集料试样的总质量（m_2），准确称量至 0.1%。m_1 与 m_2 之差即通过 0.075 mm 筛的部分。

（8）将全部要求筛孔组成套筛（但不需 0.075 mm 筛），将已经洗去小于 0.075 mm 部分的干燥器集料置于套筛上（通常为 4.75 mm 筛），将套筛装入摇筛机，摇筛约 10 min，然后取出套筛，再按筛孔大小顺序，从最大的筛号开始，在清洁的浅盘上逐个进行手筛，直到每分钟的筛出量不超过筛上剩余量的 0.1% 时为止，将筛出通过的颗粒并入下一号筛，和下一号筛中的试样一起过筛，这样顺序进行，直至各号筛全部筛完为止。

注：如为含有粗集料的集料混合料，套筛筛孔根据需要选择。

（9）称量各筛筛余试样的质量，精确至 1 g。所有各筛的分计筛余量和底盘中剩余量的总质量与筛分前试样总量 m_2 的差值不得超过后者的 1%。

任务二　细集料的表观密度检测

任务导入

某桥梁工程施工单位在某市修筑某跨河大桥中，进了一批同产地的河砂 600 t，准备用于预制箱梁的生产。依据国标 GB/T 14684—2011《建设用砂》的要求取样，并开展常规密度试验检测其性能指标，看其是否符合国标的规定和设计要求。

任务目标

1. 了解细集料表观密度的相关知积。
2. 理解细集料表观密度试验的目的和意义。

3. 能正确使用试验设备与仪器。
4. 熟练掌握试验的过程。
5. 依据标准会对试验结果分析与评定。

相关知识

1. 标准：GB/T 14684—2011《建设用砂》。
2. 技术要求：表观密度大于 2 500 kg/m³。

表观密度：单位体积（含材料的实体矿物成分及闭口孔隙体积）物质颗粒的干质量。

砂的表观密度大小主要取决于砂的风化程度。风化严重的砂表观密度小，强度低，稳定性差，所以表观密度是衡量砂质量的主要技术指标之一。

操作活动

细集料表观密度试验（容量瓶法）

一、试验目的及适用范围

测定砂的表观密度。为空隙率计算和水泥混凝土配合比设计提供数据。

二、试验准备

仪器设备：

（1）天平：称量 1 kg，感量 0.1 g。
（2）容量瓶：500 mL，见图 2.4。
（3）烘箱：能使温度控制在 105 ± 5 ℃，见图 2.5。

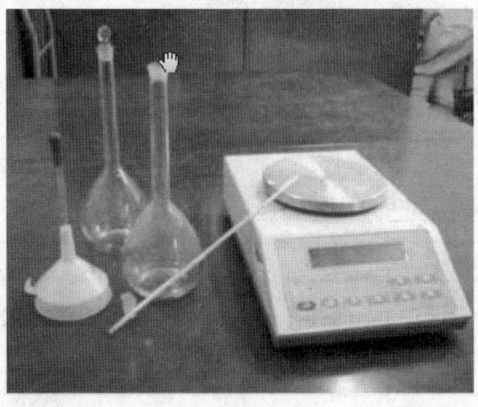

图 2.4

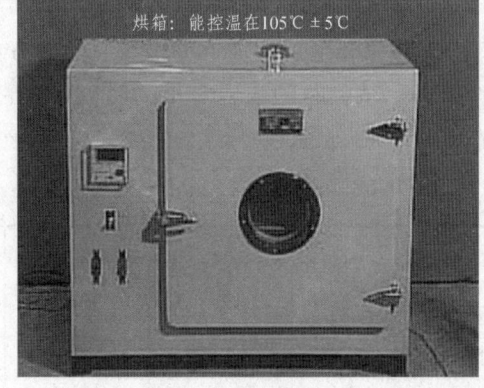

图 2.5

（4）烧杯：500 mL。
（5）蒸馏水。

(6)其他：干燥器、浅盘、料勺、滴管、毛刷、温度计等。

试样制备：

按规定取样，并将试样缩分至约 650 g，放在干燥箱中于 105±5 ℃下烘干至恒量，并在干燥器内冷却至室温，分为大至相等的两份备用。

三、操作活动要求

分组进行试验检测：分 6 个小组，每组 4~6 人（每组自行选出小组长、记录员、操作员及组员，大家互相配合并轮换共同完成本试验。小组长不变。）

四、试验步骤

（1）称取烘干的试样约 300 g（G_0），精确至 0.1 g，将试样装入容量瓶中。注入 15~25 ℃的温开水，接近刻度线。

（2）摇转容量瓶，使试样在已保温至 23±2 ℃的水中充分搅动以排除气泡，塞紧瓶塞；静置 24 h 左右，然后用滴管添水，使水面与瓶颈刻度线平齐，再塞紧瓶塞，擦干瓶外水分，称其总质量（G_2），精确至 1 g。

（3）倒出瓶中的水和试样，将瓶的内外表面洗净，再向瓶内注入与上水温相差不超过 2 ℃的蒸馏水至瓶颈刻度线，塞紧瓶塞，擦干瓶外水分，称其总质量（G_1）。

注：在砂的表观密度试验过程中应测量并控制水的温度，试验的各项称量可以在 15~25 ℃的范围内进行。但从试样加水静置的最后 2 h 起直至试验结束，其温度相差不应超过 2 ℃。

五、试验数据处理

表观密度 ρ_a 按式（2.3）计算，精确至 0.01 g/cm³。

$$\rho_a = \left(\frac{G_0}{G_0 + G_1 - G_2} - \alpha_t \right) \times \rho_水 \qquad (2.3)$$

式中 ρ_a —— 细集料的表观密度（g/cm³）；

$\rho_水$ —— 水在 4 ℃时的密度值（1 000 kg/m³）；

α_t —— 试验时的水温对水的密度影响的修正系数，见表 2.3；

ρ_T —— 试验温度 T 时水的密度（g/cm³），按表 2.3 取用。

表2.3 不同水温时水的密度 ρ_T 及水温修正系数 α_t

水温/℃	15	16	17	18	19	20
水的密度 ρ_T /(g/cm³)	0.999 13	0.998 97	0.998 80	0.998 62	0.998 43	0.998 22
水温修正系数 α_t	0.002	0.003	0.003	0.004	0.004	0.005
水温/℃	21	22	23	24	25	
水的密度 ρ_T /(g/cm³)	0.998 02	0.997 79	0.997 56	0.997 33	0.997 02	
水温修正系数 α_t	0.005	0.006	0.006	0.007	0.007	

以两次平行试验结果的算术平均值作为测定值，如两次结果之差值大于 0.02 g/cm³ 时，应重新取样进行试验。采用修约值比较法进行评定。

记录格式示例见表 2.4。

表 2.4 细集料表观密度（视比重）试验记录

试验次数	试样烘干质量 G_0/g	试样、水加容量瓶的质量 G_2/g	水加容量瓶的质量 G_1/g	水温 T/°C	表观密度 ρ_a/(g/cm³)		备注
					个别	平均	
1							
2							

试验者_____ 组别_____ 成绩_____ 试验日期_____

思考练习题

1. 什么叫细集料的表观密度？
2. 采用容量瓶法测定砂的表观密度，若两次平行试验结果之差值大于 0.01 g/cm³，应怎么办？
3. 在试验过程中要注意哪些事项？
4. 测定细集料表观密度的试验温度为 23 ± 2 °C，试验从加水静置的最后 2 h 起直至试验结束，其温度相差不得超过（　　）°C。

  A. 1 °C B. 2 °C C. 3 °C D. 5 °C

5. 采用容量瓶法测定砂的表观密度，若两次平行测验结果之差大于（　　）g/cm³，应重新取样进行试验。

  A. 0.01 B. 0.02 C. 0.05 D. 0.1

6. 请将下列数值修约，保留一位小数。

15.4756 修约_____；1.050 修约_____；2.150 修约_____。

成绩评定

序号	检测项目	检测内容及要求	配分	任务评价			得分
				学员自评	学员互评	教师评分	
1	职业修养	安全、纪律	10				
2		文明、礼仪、行为习惯	5				
3		工作态度	5				
4	专业能力	团队意识、沟通与交流等	10				
5		检查仪器、设备	10				
6		正确称量、测量水温、摇转静置	10				
7		正确测量水温、加水、称量	20				
8		试验数据记录、计算	20				
9		结果判定是否符合国标规定	10				
综合评价							

知识拓展

数字的修约规则

例如：保留一位小数的修约。

	修约前	修约后
1. 小于 5	14.2432	14.2
2. 大于 5	26.4843	26.5

修约前　　　　　　修约后

3. 等于 5
   - A. 其中右边的数字，并非为 0，则进一。
     1.0501　　　　　　1.1
   - B. 其中右边数字皆为 0，则奇进偶不进，0 也属偶数。
     0.3500　　　　　　0.4
     0.4500　　　　　　0.4
     1.0500　　　　　　1.0

以此类推二、三位小数的修约方法。

4. 所舍弃的数字，若为两位以上的数字时，不得连续多次修约，按规定一次修出结果。

例如：将 15.4546 修成整数。

	修约前	修约后
正确：	15.4546	15

	修约前	一次修约	二次修约	三次修约	四次修约
不正确：	15.4546	15.455	15.46	15.5	16

为了便于记忆数字修约，其口诀是：

四舍六入五考虑，
五后非零则进一，
五后皆零视奇偶，
五前为偶应舍去，
五前为奇则进一。

（"0"视为偶数）

任务三　细集料的堆积密度检测

任务导入

某隧道施工单位在某市修建地铁工程中，进了一批同产地、同规格、同一进厂时间的 1 600 t 河砂，准备用于地下隧道施工。依据国标 GB/T 14684—2011《建设用砂》的要求取样，并开展常规密度、空隙率试验，检测其性能指标是否符合国标的规定和设计要求。

任务目标

1. 了解细集料密度的相关知识。
2. 理解细集料密度试验的目的和意义。
3. 能正确使用试验设备与仪器。
4. 熟练掌握试验的过程。
5. 依据标准会对试验结果分析与评定。

相关知识

1. 标准：GB/T 14684—2011《建设用砂》。
2. 基本原理：
（1）堆积密度。

堆积密度是单位体积（含物质颗粒固体及其闭口、开口孔隙体积及颗粒间空隙体积）物质颗粒的质量。砂的堆积密度一般大于 1.40 g/cm³，堆积密度大小与砂的颗粒组成及含水率有关。

（2）空隙率。

空隙率是指砂的颗粒之间空隙体积的体积占集料总体积的百分率。砂的空隙率与其级配和颗粒形状有关。砂的空隙率一般小于 44%。

（3）紧装堆积密度。

紧装堆积密度是集料（骨料）按规定方法颠实后，单位体积（含物质颗粒固体及其闭口、开口孔隙体积及颗粒间空隙体积）物质颗粒的质量。砂的紧装堆积密度一般为 1.60 ~ 1.70 g/cm³。

操作活动

细集料堆积密度及紧装密度试验

一、试验目的及适用范围

测定砂在自然状态下的堆积密度、紧装密度并计算空隙率，为水泥混凝土配合比设计提供数据。

二、试验准备

仪器设备：
（1）天平：称量 10 kg，感量 1 g。

（2）容量筒：金属制，圆筒形，内径 108 mm，净高 109 mm，筒壁厚 2 mm，筒底厚 5 mm，容积约为 1 L。

（3）标准漏斗（见图 2.6）。

（4）烘箱：能使温度控制在 105 ± 5 ℃。

（5）方孔筛：4.75 mm 的筛一只。

（6）垫棒：直径 10 mm，长 500 mm 的圆钢。

（7）其他：直尺、漏斗、料勺、浅盘、毛刷等。

试样制备：

按规定取样，用浅盘装试样约 3 L，在温度为 105 ± 5 ℃ 的烘箱中烘干至恒量，取出并冷却至室温，筛除大于 4.75 mm 的颗粒，分成大致相等的两份备用。

注：试样烘干后如有结块，应在试验前先捏碎。

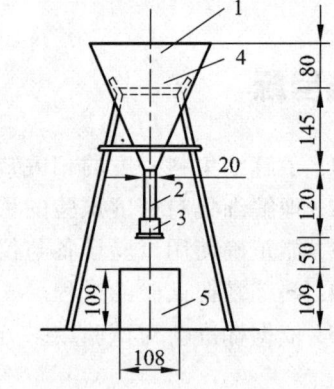

图 2.6　标准漏斗（尺寸单位：mm）
1—漏斗；2—φ20 mm 管子；3—活动门；
4—筛；5—金属量筒

三、操作活动要求

分组进行试验检测：分 6 个小组，每组 4 ~ 6 人（每组自行选出小组长、记录员、操作员及组员，大家互相配合并轮换共同完成本试验。小组长不变。）

四、试验步骤

（1）堆积密度。

将试样装入漏斗中，打开底部的活动门，将砂流入容量筒中，也可直接用小勺向容量筒中心上方徐徐倒入试样，但漏斗出料口或料勺距容量筒筒口均应为 50 mm 左右，直至试样装满并超出容量筒筒口（呈堆体），用直尺将多余的试样沿筒口中心线向两个相反方向刮平（试验过程中应防止触动容量筒），称取质量（G_1）。精确至 1 g。

（2）紧装密度。

取试样 1 份，分两层装入容量筒，装完一层后，在筒底垫放一根直径为 10 mm 的钢筋，将筒按住，左右交替颠击地面各 25 下，然后再装入第二层。第二层装满后用同样方法颠实（但筒底所垫钢筋的方向应与第一层放置方向垂直）。二层装完并颠实后，添加试样超出容量筒筒口，然后用直尺将多余的试样沿筒口中心线向两个相反方向刮平，称其质量（G_2）。精确至 1 g。

五、试验数据处理

（1）堆积密度 ρ 及紧装密度 ρ' 分别按式（2.4）和式（2.5）计算，精确至 0.01 g/cm³。

$$\rho = \frac{G_1 - G_0}{V} \tag{2.4}$$

$$\rho' = \frac{G_2 - G_0}{V} \tag{2.5}$$

式中　ρ——砂的堆积密度（g/cm³）；

ρ'——砂的紧装密度（g/cm³）；

G_0——容量筒的质量（g）；

G_1 —— 容量筒和堆积密度砂总质量（g）；

G_2 —— 容量筒和紧装密度砂总质量（g）；

V —— 容量筒容积（mL）。

以两次试验结果的算术平均值作为测定值。

容量筒容积的校正方法：以温度为 $20 \pm 2\,°C$ 的洁净水装满容量筒，用玻璃板沿筒口滑移，使其紧贴水面，玻璃板与水面之间不得有空隙。擦干筒外壁水分，然后称出其质量(m'_2)，精确至 1 g。用式（2.6）计算筒的容积 V。

$$V = m'_2 - m'_1 \tag{2.6}$$

式中　m'_1 —— 量筒和玻璃板总质量（g）；

　　　m'_2 —— 容量筒、玻璃板和水总质量（g）。

（2）砂的空隙率按式（2.7）计算，准确至1%。

$$V_0 = \left(1 - \frac{\rho}{\rho_a}\right) \times 100 \tag{2.7}$$

式中　V_0 —— 砂的空隙率（%）；

　　　ρ —— 砂的堆积或紧装密度（g/cm³）；

　　　ρ_a —— 砂的表观密度（g/cm³）。

记录格式示例见表 2.5、表 2.6 及表 2.7。

表 2.5　砂的堆积密度试验记录

试验次数	容量筒体积 V/mL	容量筒质量 G_0/g	容量筒和堆积密度砂总质量 G_1/g	砂质量 (G_1-G_0)/g	堆积密度 ρ/(g/cm³)		备注
					个别	平均	
1							
2							

试验者_____　组别_____　成绩_____　试验日期_____

表 2.6　砂的紧装密度试验记录

试验次数	容量筒体积 V/mL	容量筒质量 G_0/g	容量筒和紧装密度砂总质量 G_2/g	砂质量 (G_2-G_0)/g	紧装密度 ρ'/(g/cm³)		备注
					个别	平均	
1							
2							

试验者_____　组别_____　成绩_____　试验日期_____

表 2.7　砂的空隙率计算

试验次数	砂的堆积密度 ρ/(g/cm³)	砂的表观密度 ρ_a/(g/cm³)	砂的空隙率 V_0/%	备注
1				
2				

试验者_____　组别_____　成绩_____　试验日期_____

思考练习题

1. 什么叫砂子的堆积密度？精确到小数点后几位？
2. 什么叫砂子的空隙率？准确至（　　）%。
3. 砂的空隙率一般小于（　　）%。级配良好的砂的空隙率一般小于40%。
4. 配制混凝土用砂要求尽量采用（　　）的砂。
   A. 空隙率小　　B. 总表面积小　　C. 总表面积大　　D. 空隙率和总表面积均较小

成绩评定

任务评价							
序号	检测项目	检测内容及要求	配分	学员自评	学员互评	教师评分	得分
1	职业修养	安全、纪律	10				
2		文明、礼仪、行为习惯	5				
3		工作态度	5				
4	专业能力	团队意识、沟通与交流	10				
5		检查仪器、设备	10				
6		正确装入容量筒、刮平并称量	20				
7		会容量筒的校正	10				
8		试验数据记录、计算	20				
9		空隙率是否符合国标规定	10				
综合评价							

知识拓展

测定砂的堆积密度并计算空隙率，借以评定砂的质量。砂的堆积密度也是混凝土配合比设计必需的重要数据之一。在运输中，可以根据砂的堆积密度换算砂的运输质量和体积。可节约运输成本和存储空间，以免造成不必要的浪费。

细集料的取样方法和数量（GB/T 1464—2011）

1. 取样规定。

同一产地、同一规格、同一进厂时间，每400 m³或600 t为一验收批，不足400 m³或600 t时亦按一验收批计算。用小型工具运输的以200 m³或300 t为一验收批，不足上述数量者亦按一批计算。每一验收批取样一组。

2. 取样方法。

（1）在料堆上取样时，取样部位应均匀分布。取样前先将取样部位表层铲除，然后从不同部位随机抽取大致等量的砂8份，组成一组样品。

（2）从皮带运输机上取样时，应用与皮带等宽的接料器在皮带运输机头出料处全断面定时随机抽取大致等量的砂4份，组成一组样品。

（3）从火车、汽车、货船上取样时，从不同部位和深度随机抽取大致等量的砂8份，组成一组样品。

任务四　细集料含泥量的检测

任务导入

武汉某桥梁工程进了一批同产地、同规格、同一进厂时间的600 t河砂，准备用于C50预制箱梁的生产。依据国标GB/T 14684—2011《建设用砂》的要求取样，并开展常规试验检测其性能指标，看其是否符合国标的规定和设计要求。

任务目标

1. 了解细集料含泥量的相关知识。
2. 理解细集料含泥量试验的目的和意义。
3. 能正确使用试验设备与仪器。
4. 熟练掌握试验的过程。
5. 依据标准会对试验结果分析与评定。

相关知识

1. 标准：GB/T 14684—2011《建设用砂》。
2. 基本原理：

砂的含泥量是指天然砂中粒径小于75 μm的尘屑、淤泥和黏土颗粒含量。

这些细微颗粒有的可在集料表面形成包裹层，阻碍集料与水泥凝胶体的黏结；有的则以松散的颗粒存在，极大地增加了集料的表面积，从而增加了用水量；特别是体积不稳定的黏土颗粒，干燥时收缩，潮湿时膨胀，对混凝土有很大的破坏作用。含泥量大会降低混凝土和易性、抗冻性、抗渗性，增加干缩，而且对于高强度的混凝土的抗压、抗拉、抗折、轴压、弹性模量、收缩、抗渗、抗冻等性能均有较大影响。

操作活动

一、试验目的及适用范围

本方法仅用于测定天然砂中粒径小于 0.075 mm 的尘屑、淤泥和黏土的含量。不适用于人工砂、石屑等矿粉成分较多的细集料。

二、仪器设备

（1）鼓风烘箱：能使温度控制在 105±5 ℃。
（2）天平：称量 1 000 g，感量 0.1 g。
（3）方孔筛：孔径为 750 μm 及 1.18 mm 的筛各 1 只。
（4）容器：要求淘洗试样时，保持试样不溅出（深度大于 250 mm）。
（5）搪瓷盘、毛刷等。

三、操作活动要求

分组进行试验检测：分 6 个小组，每组 4~6 人（每组自行选出小组长、记录员、操作员及组员，大家互相配合并轮换共同完成本试验。小组长不变。）

四、试验步骤

（1）将试样缩分至约 1 100 g，放在烘箱中于 105±5 ℃ 下烘干至恒量，待冷却至室温后，分为大致相等的两份备用。
（2）称取试样 500 g，精确至 0.1 g。将试样倒入淘洗容器中，注入清水，使水面高于试样面约 150 mm，充分搅拌均匀后，浸泡 2 h，然后用手在水中淘洗试样，使尘屑、淤泥和黏土与砂粒分离，把浑水缓缓倒入 1.18 mm 及 75 μm 的套筛上（1.18 mm 筛放在 75 μm 筛上面），滤去小于 75 μm 的颗粒。试验前筛子的两面应先用水润湿，在整个过程中应小心防止砂粒流失。
（3）再向容器中注入清水，重复上述操作，直至容器内的水目测清澈为止。
（4）用水淋洗剩余在筛上的细粒，并将 75 μm 筛放在水中（使水面略高出筛中砂粒的上表面）来回摇动，充分洗掉小于 75 μm 的颗粒，然后将两只筛的筛余颗粒和清洗容器中已经洗净的试样一并倒入搪瓷盘，放在烘箱中于 105±5 ℃ 下烘干至恒量，待冷却至室温后，称出其质量，精确至 0.1 g。

五、试验数据处理

含泥量按式（2.8）计算，精确至 0.1%：

$$Q_a = \frac{G_0 - G_1}{G_0} \times 100 \tag{2.8}$$

式中　Q_a——含泥量（%）；

G_0——试验前烘干试样的质量（g）；

G_1——试验后烘干试样的质量（g）。

含泥量取两个试样的试验结果算术平均值作为测定值。采用修约值比较法进行评定。记录结果计算见表2.8。

表 2.8　含泥量试验记录

试验次数	试验前的烘干试样质量 G_0/g	试验后的烘干试样质量 G_1/g	含泥量 = $(G_0 - G_1)/G_0 \times 100\%$	平均值/%
1				
2				

试验者_____　　组别_____　　成绩_____　　试验日期_____

思考练习题

1. 集料中的有害杂质是什么？对混凝土质量有何影响？
2. 有机物对混凝土的性能影响很大，砂子中即使含有_____%的有机物，也能降低混凝土强度_____%。
3. 根据国家标准 GB/T 14684—2011《建筑用砂》的规定，混凝土用砂应尽量选用_____，_____，表面_____，有棱角，_____少的砂。
4. 国标《建筑用砂》的标准是_____。

成绩评定

任务评价							
序号	检测项目	检测内容及要求	配分	学员自评	学员互评	教师评分	得分
1	职业修养	安全、纪律	10				
2		文明、礼仪、行为习惯	5				
3		工作态度	5				
4	专业能力	团队意识、沟通与交流	10				
5		检查仪器、设备	10				
6		按规定取样、缩分、烘干	10				
7		正确称量、静置、淘洗、烘干	20				
8		试验数据记录、计算	20				
9		结果是否符合设计要求	10				
综合评价							

知识拓展

天然砂中常含有淤泥、黏土块、云母、轻物质、硫化物、硫酸盐、有机质、氯化物及草根、树叶、煤块、炉渣等有害杂质，这些杂质过多会影响混凝土的质量。

（1）砂的含泥量是指天然砂中粒径小于 75 μm 的颗粒含量；泥块含量是指砂中原粒径大于 1.18 mm，经水浸洗、手捏后小于 600 μm 的颗粒含量。

这些细微颗粒可在集料表面形成包裹层，阻碍集料与水泥凝胶体的黏结；有的则以松散的颗粒存在，极大地增加了集料的表面积，从而增加了用水量；特别是体积不稳定的黏土颗粒，干燥时收缩，潮湿时膨胀，对混凝土有很大的破坏作用。会降低混凝土和易性、抗冻性、抗渗性，增加干缩，而且对于高强度的混凝土的抗压、抗拉、抗折、轴压、弹性模量、收缩、抗渗、抗冻等性能均有较大影响。

（2）有机物对混凝土的性能影响很大。砂子即使含有 0.1%的有机物，也能降低混凝土强度 25%，有机物的不良影响在耐久性方面更加突出。

石粉含量是指人工砂中粒径小于 75 μm 的颗粒含量，其矿物组成和化学成分与母岩相同。过多的石粉会妨碍水泥与集料的黏结，从而导致混凝土的强度、耐久性降低。但研究和实践表明：在混凝土中掺入适量的石粉，对改善混凝土细集料颗粒级配、提高混凝土密实性有很大的益处，进而提高混凝土的综合性能。

根据国家标准 GB/T 14684—2011《建筑用砂》的规定，混凝土用砂应尽量选用洁净、坚硬、表面粗糙有棱角、有害杂质少的砂，具体质量要求见表 2.9。

表 2.9 天然砂的含泥量和泥块含量（GB/T 14684—2011）

类 别	Ⅰ类	Ⅱ类	Ⅲ类
含泥量（按质量计）/%	≤1.0	≤3.0	≤5.0
泥块含量（按质量计）/%	0	≤1.0	≤2.0

任务五　细集料泥块含量的检测

任务导入

武汉某桥梁工程进了一批同产地、同规格、同一进厂时间的 600 t 河砂，准备用于 C50 预制箱梁的生产。依据国标 GB/T 14684—2011《建设用砂》的要求取样，并开展相关试验检测其性能指标，看其是否符合国标的规定和设计要求。

任务目标

1. 了解细集料泥块含量的相关知识。
2. 理解细集料泥块含量试验的目的和意义。
3. 能正确使用试验设备与仪器。

4. 熟练掌握试验的过程。
5. 依据标准会对试验结果分析与评定。

相关知识

1. 标准：GB/T 14684—2011《建设用砂》。
2. 基本原理：

泥块含量是指砂中原粒径大于 1.18 mm，经水浸洗、手捏后小于 600 μm 的颗粒含量。

泥块含量会对混凝土的各项性能均产生不利的影响，降低混凝土拌和物的和易性和抗压强度；对混凝土的抗渗性、收缩及抗压强度影响更大。混凝土的强度越高，影响越明显。

操作方法

细集料泥块含量试验（GB/T 1464—2011）

一、试验目的及适用范围

测定水泥混凝土用砂中颗粒大于 1.18 mm 的泥块含量。

二、仪器设备

（1）鼓风烘箱：能使温度控制在 105 ± 5 ℃。
（2）天平：称量 1 000 g，感量 0.1 g。
（3）方孔筛：孔径为 600 μm 及 1.18 mm 的筛各 1 只。
（4）容器：要求淘洗试样时，保持试样不溅出（深度大于 250 mm）。
（5）搪瓷盘、毛刷等。

三、操作活动要求

分组进行试验检测：分 6 个小组，每组 4～6 人（每组自行选出小组长、记录员、操作员及组员，大家互相配合并轮换共同完成本试验。小组长不变。）

四、试验步骤

（1）按规定取样，并将试样缩分至约 5 000 g，放在烘箱中于 105 ± 5 ℃ 下烘干至恒量，待冷却至室温后，筛除小于 1.18 mm 的颗粒，分为大致相等的两份备用。

（2）称取试样 200 g，精确至 0.1 g。将试样倒入淘洗容器中，注入清水，使水面高于试样面约 150 mm，充分搅拌均匀后，浸泡 24 h。然后用手在水中碾碎泥块，再把试样放在 600 μm 筛上水淘洗，直至容器内的水目测清澈为止。

（3）保留下来的试样小心地从筛中取出，装入浅盘后，放在烘箱中于 105 ± 5 ℃ 下烘干至恒量，待冷却至室温后，称出其质量，精确至 0.1 g。

五、试验数据处理

（1）泥块含量按式（2.9）计算，精确至0.1%：

$$Q_b = \frac{G_1 - G_2}{G_1} \times 100 \qquad (2.9)$$

式中　Q_b——砂中大于1.18 mm泥块含量（%）；
　　　G_1——1.18 mm筛筛余试样的质量（g）；
　　　G_2——试验后烘干试样的质量（g）。

（2）泥块含量取两次试验结果的算术平均值，精确至0.1%。

记录格式见表2.10。

表2.10　细集料泥块含量试验记录

试验次数	试验前烘干试样质量 G_0/g	试验后烘干试样质量 G_1/g	含泥量 $Q_0 = (G_0 - G_1)/G_0 \times 100\%$	平均值/%
1				
2				

试验者_____　组别_____　成绩_____　试验日期_____

思考练习题

1. 混凝土用的砂中有哪些有害杂质？
2. 细集料泥块含量对水泥混凝土强度有什么影响？
3. 什么叫四分缩分法？

成绩评定

序号	检测项目	检测内容及要求	配分	学员自评	学员互评	教师评分	得分
		任　　务　　评　　价					
1	职业修养	安全、纪律	10				
2		文明、礼仪、行为习惯	5				
3		工作态度	5				
4	专业能力	团队意识、沟通与交流	10				
5		检查仪器、设备	10				
6		按规定取样、缩分、烘干	10				
7		正确称量、静置、淘洗、烘干	20				
8		试验数据记录、计算	20				
9		结果是否符合设计要求	10				
综合评价							

知识拓展

细集料的取样数量及缩分（GB/T 1465—2011）

（1）取样数量。

单项试验的最少取样数量应符合表 2.11 的规定。若进行几项试验时，如能保证试样经一项试验后不影响另一试验的结果，可用同一试样进行几项不同的试验。

表 2.11 单项试验取样数量

序号	试验项目		最少取样数量/kg
1	颗粒级配		4.4
2	含泥量		4.4
3	泥块含量		20.0
4	石粉含量		6.0
5	云母含量		0.6
6	轻物质含量		3.2
7	有机物含量		2.0
8	硫化物与硫酸盐含量		0.6
9	氯化物含量		4.4
10	贝壳含量		9.6
11	坚固性	天然砂	8.0
12		机制砂	20.0
13	表观密度		2.6
14	松散堆积密度与空隙率		5.0
15	碱集料反应		20.0
16	放射性		6.0
17	饱和面干吸水率		4.4

（2）试样处理。

人工四分缩分法（图 2.8）：将所取样品置于平板上，在潮湿状态下拌和均匀，并堆成厚度约为 20 mm 的圆饼，然后沿互相垂直的两条直径把圆饼分成大致相等的四份，取其中对角线的两份重新拌匀，再堆成圆饼。重复上述过程，直至把样品缩分到试验所需量为止。

堆积密度、机制砂坚固性试验所用的试样可不经缩分，在拌匀后直接进行试验。

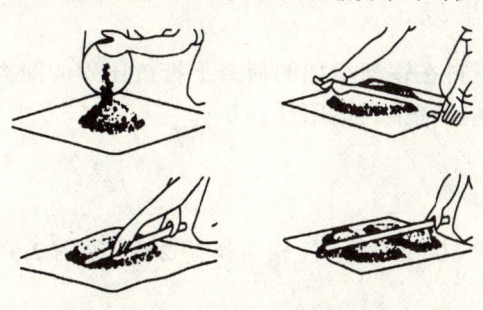

图 2.8 人工四分缩分

任务六　粗集料的压碎值指标检测

任务导入

某桥梁工程施工单位进了一批同产地、同规格的石子，准备用于某市某跨海湾大桥桥墩的水泥混凝土的灌注。依据国标 GB/T 14685—2011《建设用卵石、碎石》的要求取样，并开展石子的压碎值常规试验检测其性能指标，看其是否符合国标的规定和设计要求。

任务目标

1. 了解粗集料压碎值指标的相关知识。
2. 理解粗集料压碎值指标试验的目的和意义。
3. 能正确使用试验设备与仪器。
4. 熟练掌握试验的过程。
5. 依据标准会对试验结果分析与评定。

相关知识

1. 标准：GB/T 14685—2011《建设用卵石、碎石》。
2. 基本原理：

石子在混合料中起骨架作用，它的强度直接影响混合料的强度，因此混凝土中的石子必须致密且具有足够的强度。石子强度一般用岩石的抗压强度或压碎指标来表示。

压碎指标值越小，表示石子抵抗压碎的能力越强，石子的强度越高。

操作活动

粗集料压碎值试验

一、试验目的及适用范围

集料压碎值用于衡量石料在逐渐增加的荷载下抵抗压碎的能力，它是衡量石料力学性质的指标之一，用以评定其在工程中的适用性。

二、仪器设备

（1）压力试验机：量程 300 kN，示值相对误差 2%（见图 2.9）。

图 2.9 压力机

（2）天平：称量 10 kg，感量 1 g。
（3）受压试模（压碎指标测定仪，见图 2.10）。
（4）方孔筛：筛孔尺寸 2.36 mm、9.5 mm、19.0 mm 筛各 1 个。
（5）垫棒：直径 10 mm，长 500 mm 圆钢。

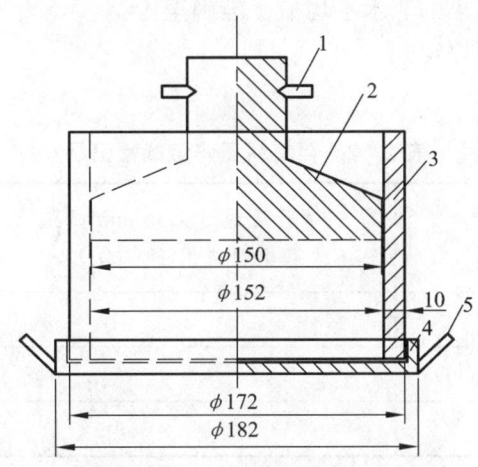

图 2.10 压碎指标测定仪

1—把手；2—加压头；3—圆模；4—底盘；5—手把

三、操作活动要求

分组进行试验检测：分 6 个小组，每组 4～6 人（每组自行选出小组长、记录员、操作员及组员，大家互相配合并轮换共同完成本试验。小组长不变。）

四、试验步骤

（1）按规定取样，风干后筛除大于 19.0 mm 及小于 9.5 mm 的颗粒，并去除针、片状颗粒，分为大致相等的三份备用。当试样中粒径在 9.5~19.0 mm 的颗粒不足时，允许将粒径大于 19.0 mm 的颗粒破碎成粒径在 9.5~19.0 mm 的颗粒用作压碎指标试验。

（2）称取试样（G_1）3 000 g，精确至 1 g。将试样分两层装入圆模（置于底盘上）内，每装一层试样后，在底盘下面垫放一直径为 10 mm 的圆钢，将筒按住，左右交替颠击地面各 25 下，两层颠实后，平整模内试样表面，盖上压头。当圆模装不下 3 000 g 试样时，以装至距模上口 10 mm 为准。

（3）把装有试样的圆模置于压力机上，开动压力试验机，按 1 kN/s 的速度均匀加荷至 200 kN 并稳荷 5 s，然后卸荷。取下加压头，倒出试样，用孔径 2.36 mm 的筛筛除被压碎的细粒，称出留在筛上的试样质量（G_2），精确至 1 g。

五、试验数据处理

压碎值指标按式（2.10）计算，精确至 0.1%：

$$Q_e = \frac{G_1 - G_2}{G_1} \times 100 \tag{2.10}$$

式中　Q_e——压碎值指标（%）；
　　　G_1——试验前试样的质量（g）；
　　　G_2——压碎试验后 2.36 mm 筛上筛余的试样质量（g）。

压碎指标取三次试验结果的算术平均值，准确至 1%。

采用修约值比较法进行评定。

记录格式示例见表 2.12。

表 2.12　粗集料压碎值试验记录

试验次数	试验前试样质量 G_1/g	试验后通过 2.36 mm 筛孔的细料质量(G_1-G_2)/g	压碎值 Q_e/%	
			个别	平均
1				
2				
3				

试验者_____　组别_____　成绩_____　试验日期_____

思考练习题

1. 粗集料的力学性质通常用（　　　　　）指标表示？
　　A. 石料压碎值　　　　　B. 坚固性
　　C. 软石含量　　　　　　D. 洛杉矶磨耗损失
2. 试述粗集料压碎值试验的操作步骤。
3. 国标《建筑用卵石、碎石》标准是_____。

成绩评定

序号	检测项目	检测内容及要求	配分	学员自评	学员互评	教师评分	得分
		任　务　评　价					
1	职业修养	安全、纪律	10				
2		文明、礼仪、行为习惯	5				
3		工作态度	5				
4	专业能力	团队意识、沟通与交流	10				
5		检查仪器、设备	10				
6		正确选出粒级、除去针、片状颗粒、称量、装入圆模	20				
7		正确操作压力机、称出被压碎的颗粒	20				
8		试验数据记录、计算	10				
9		结果是否符合国标和设计要求	10				
综合评价							

知识拓展

表2.13　压碎值指标（GB/T 14685—2011）

类　别	Ⅰ类	Ⅱ类	Ⅲ类
碎石压碎指标/%	≤10	≤20	≤30
卵石压碎指标/%	≤12	≤14	≤16

混凝土的基本组成是水泥、粗细集料和水。在混凝土中，一般以砂子为细集料，石子为粗集料。粗细集料的总含量占混凝土总体积的70%～80%，其余为水泥浆和少量的空气。在混凝土拌和物中，水泥和水形成水泥浆，后者填充砂子空隙并包裹砂粒，形成砂浆。砂浆又填充石子空隙并包裹石子颗粒。显然，水泥浆在砂石颗粒之间起着润滑作用，使混凝土拌和物具有一定的流动性。但水泥浆更主要的是起胶结作用，水泥浆通过水泥的凝结硬化，把砂石集料牢固地胶结成一整体。砂石一般不与水泥浆起化学反应（碱活性集料除外），它们在混凝土中主要是起骨架作用，因而可以大大节省水泥。同时，还可以降低水化热，大大减小混凝土由于水泥浆硬化而产生的收缩，并起抑制裂缝扩展的作用。

根据集料在混凝土中的作用，对用于混凝土的集料要求其具有良好的颗粒级配，以尽量减少空隙率；要求其表面洁净，以保证与水泥浆能更好地黏结；要求其含有害杂质少，以保证混凝土的耐久性；要求其具有足够的强度和坚固性，以保证起到充分的骨架和传力作用。

粒径大于4.75 mm的集料称为粗集料。常用的粗集料有天然卵石和人工碎石两种。

由人工破碎而成的石子称为碎石，或人工石子。

天然卵石是岩石由于自然条件作用而形成的，可分为河卵石、海卵石和山卵石。

任务七 粗集料的针、片状颗粒含量的检测

任务导入

武汉某路桥工程施工单位在同一时间进了一批同产地、同规格的 400M3 石子，准备用于高速公路路面的建设。依据国标 GB/T 14685—2011《建设用卵石、碎石》的要求取样，并开展针、片状颗粒含量试验检测其性能指标，看其是否符合国标的规定和设计要求。

任务目标

1. 了解粗集料针、片状颗粒含量的相关知识。
2. 理解粗集料针、片状颗粒含量试验的目的和意义。
3. 能正确使用试验的设备与仪器。
4. 熟练掌握试验的过程。
5. 依据标准会对试验的结果分析与评定。

相关知识

1. 标准：GB/T 14685—2011《建设用卵石、碎石》。
2. 基本原理：

粗集料的颗粒形状以接近立方体或球体为佳，不宜含有过多的针、片状颗粒，针片状颗粒较薄、瘦长，易折断，否则将影响混凝土拌和物的流动性，同时又影响混凝土的抗折强度。针状颗粒是指颗粒长度大于该颗粒平均粒径 2.4 倍的颗粒，片状颗粒是指颗粒厚度小于该颗粒平均粒径 0.4 倍的颗粒。平均粒径是指一个粒级的集料其上、下限粒径的平均值。混凝土用石子的针、片状颗粒含量其品质必须符合国家标准 GB/T 14685—2011《建筑用卵石、碎石》的规定。按技术性能将粗集料分为三类：Ⅰ类宜用于强度等级大于 C60 的混凝土；Ⅱ类宜用于强度等级为 C30～C60 及有抗冻、抗渗或其他要求的混凝土；Ⅲ类宜用于强度等级小于 C30 的混凝土。

操作活动

水泥混凝土用粗集料针片状颗粒含量试验（规准仪法）

一、试验目的及适用范围

（1）本方法适用于测定水泥混凝土使用的 4.75 mm 以上的粗集料的针状及片状颗粒含量，以百分率计。

（2）本方法测定的针片状颗粒，是指利用专用的规准仪测定的粗集料颗粒的最小厚度（或直径）方向与最大长度（或宽度）方向的尺寸之比小于一定比例的颗粒。

（3）本方法测定的粗集料中针片状颗粒的含量，可用于评价集料的形状及其在工程中的适用性。

二、仪器设备

（1）水泥混凝土集料片状及针状规准仪：见图2.11和图2.12，尺寸应符合表2.15的要求。

（2）天平：称量10 kg，感量1 g。

（3）方孔筛：孔径为4.75 mm、9.5 mm、16.0 mm、19.0mm、26.5 mm、31.5 mm、37.5 mm的方孔筛各一个，根据需要选用。

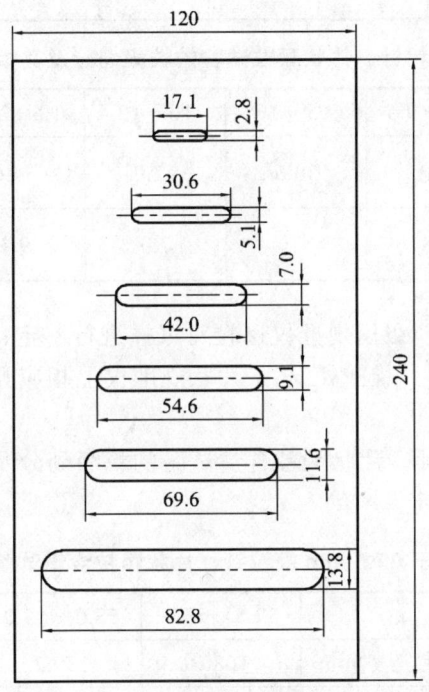

图2.11 片状规准仪（尺寸单位：mm）

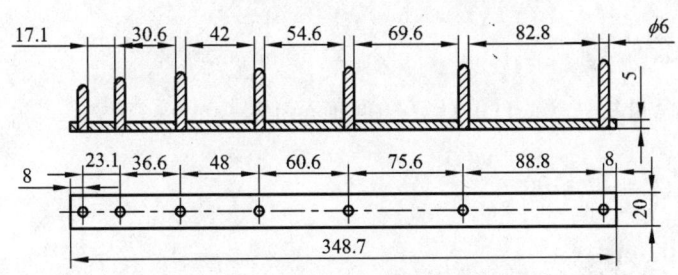

图2.12 针状规准仪（尺寸单位：mm）

三、操作活动要求

分组进行试验检测：分6个小组，每组4~6人（每组自行选出小组长、记录员、操作员及组员，大家互相配合并轮换共同完成本试验。小组长不变。）

四、试验步骤

按规定取样，并将试样用四分法缩分至略大于表 2.14 规定的数量，风干或烘干至表面干燥备用。

根据试样最大粒径，称取按表 2.14 所规定的试样一份（G_1），精确到 1 g。然后筛分成表 2.15 粒级备用。

表 2.14 针、片状颗粒含量试验所需的试样数量

最大粒径/mm	9.5	16	19	26.5	31.5	37.5	63.0	75.0
最少试样质量/kg	0.3	1	2	3	5	10	10	10

表 2.15 水泥混凝土集料针、片状颗粒试验的粒级划分及其相应的规准仪孔宽或间距

粒级（方孔筛）/mm	4.75~9.5	9.5~16	16~19	19~26.5	26.5~31.5	31.5~37.5
针状规准仪上相对应的立柱之间的间距宽/mm	17.1	30.6	42.0	54.6	69.6	82.8
片状规准仪上相对应的孔宽/mm	2.8	5.1	7.0	9.1	11.6	13.8

（1）按表 2.15 所规定的粒级用规准仪逐粒对试样进行鉴定：凡颗粒长度大于针状规准仪上相应间距者，为针状颗粒；颗粒厚度小于片状规准仪上相应孔宽者，为片状颗粒。称出其总质量（G_2），精确到 1 g。

（2）大于 37.5 mm 颗粒针、片状颗粒含量试验的粒级划分及其相应的卡尺卡口设定宽度按表 2.16 逐粒对试样进行鉴定。

表 2.16 大于 37.5 mm 颗粒针、片状颗粒含量试验的粒级划分

石子粒级/mm	37.5~53.0	53.0~63.0	63.0~75.0	75.0~90.0
检查针状颗粒的卡尺卡口设定宽度/mm	108.6	139.2	165.6	198.0
片状颗粒的卡尺卡口设定宽度/mm	18.1	23.2	27.6	33.0

五、试验数据处理

针、片状颗粒含量按式（2.11）计算，准确至 1%。

$$Q_c = \frac{G_2}{G_1} \times 100 \qquad (2.11)$$

式中 Q_c——针、片状颗粒含量（%）；

G_2——试样中所含针、片状颗粒的总质量（g）；

G_1——试样的质量（g）。

采用修约值比较法进行评定。

记录格式示例见表 2.17。

表 2.17　粗集料针、片状颗粒含量试验记录

试验次数	试样总质量 G_1/g	针状片状颗粒总质量 G_2/g	针、片状颗粒含量 Q_c/%
1			
2			

试验者＿＿＿＿　　组别＿＿＿＿　　成绩＿＿＿＿　　试验日期＿＿＿＿

思考练习题

1. 针、片状颗粒过多对混凝土有何影响？
2. 针、片状颗粒总含量是 10.5%，它可用于强度等级是多少的混凝土？
3. 规准仪法适用于测定水泥混凝土使用（　　）mm 以上的粗集料针片状颗粒含量？
   A. 2.36　　　　B. 4.75　　　　C. 9.5　　　　D. 16
4. 水泥混凝土路面基层用碎石的针片状颗粒含量采用（　　）测定；沥青路面基层用碎石的针片状颗粒含量采用（　　）法测定。
   A. 规准仪法　　　B. 游标卡尺法

成绩评定

任务评价						
序号	检测项目	检测内容及要求	配分	学员自评	学员互评	教师评分	得分
1	职业修养	安全、纪律	10				
2		文明、礼仪、行为习惯	5				
3		工作态度	5				
4	专业能力	团队意识、沟通与交流	10				
5		检查仪器、设备	10				
6		按规定取样、缩分、风干、称量	20				
7		正确筛出粒级、选出针、片状颗粒	20				
8		试验数据记录、计算	10				
9		结果是否符合国标和设计要求	10				
综合评价							

知识拓展

表 2.18　针片状颗粒含量（GB/T 14685—2011）

类别	Ⅰ类	Ⅱ类	Ⅲ类
针、片状颗粒总含量（按质量计）/%	≤5	≤10	≤15

粗集料的取样方法和数量（GB/T 14685—2011）

1. 取样方法。

（1）在料堆上取样时，取样部位应均匀分布。取样前先将取样部位表层铲除，然后从不同部位随机抽取大致等量的石子15份（在料堆的顶部、中部和底部均匀分布的15个不同部位取得），组成一组样品。

（2）从皮带运输机上取样时，应用与皮带等宽的接料器在皮带运输机头出料处全断面定时随机抽取大致等量的石子16份，组成一组样品。

（3）从火车、汽车、货船上取样时，从不同部位和深度随机抽取大致等量的石子16份，组成一组样品。

2. 取样数量。

单项试验的最少取样数量应符合表2.19的规定。若进行几项试验时，如能保证试样经一项试验后不影响另一试验的结果，可用同一试样进行几项不同的试验。

表2.19 单项试验取样数量

序号	试验项目	最大粒径/mm							
		9.5	16.0	19.0	26.5	31.5	37.5	63.0	75.0
		最少取样数量/kg							
1	颗粒级配	9.5	16	19	25	31.5	37.5	63	80
2	含泥量	8	8	24	24	40	40	80	80
3	泥块含量	8	8	24	24	40	40	80	80
4	针、片状颗粒含量	1.2	4	8	12	20	40	40	40
5	有机物含量	按试验要求的粒级和数量取样							
6	硫酸盐和硫化物含量	按试验要求的粒级和数量取样							
7	坚固性	按试验要求的粒级和数量取样							
8	岩石抗压强度	随机选取完整石块锯切或钻取成试验用样品							
9	压碎指标	按试验要求的粒级和数量取样							
10	表观密度	8	8	8	8	12	16	24	24
11	堆积密度与空隙率	40	40	40	40	80	80	120	120
12	吸水率	2	4	8	12	20	40	40	40
13	碱集料反应	20							
14	放射性	6							
15	含水率	按试验要求的粒级和数量取样							

3. 试样处理。

人工四分法：将所取样品置于平板上，在自然状态下拌和均匀，并堆成堆体，然后沿互相垂直的两条直径把堆体分成大致相等的四份，取其对角线的两份重新拌匀，再堆成堆体。

重复上述过程，直至把样品缩分到试验所需量为止。

堆积密度试验所用的试样可不经缩分，在拌匀后直接进行试验。

试验环境：试验室的温度应保持在 20±5 ℃。

试验用筛：应满足 GB/T 6003.1、GB/T 6003.2 中方孔筛的规定，筛孔大于 4.0 mm 的试验筛采用穿孔板试验筛。

4. 矿质混合料的组成设计。

砂石材料在路桥工程中的应用，大多是与各种结合料（如水泥、沥青等）组成混合料的形式。此时砂石材料往往要采用一定的级配形式，以保证混合料满足实际工程的要求。例如沥青混合料经常采用连续级配，以保证混合料具有较高密实程度和较大内摩阻力。而天然或人工轧制的某一规格的集料往往集中在有限的几个粒径范围，无法直接满足工程实际对砂石材料级配要求，因此需要将几种不同规格的集料按一定方法进行级配设计。组成符合级配要求的矿质混合料（简称矿料）。

由于实际工程中由料场提供的各规格集料往往很难直接满足级配的要求，所以往往要采用两种或两种以上的集料配合起来使用。矿料级配设计的内容就是通过一定的方法，确定混合料中各规格集料的用量比例，来满足某一级配的要求。级配设计常用的方法有试算法和图解法两类。随着计算机的普及和相关操作软件的开发，利用计算机进行相关矿料合成级配的计算会得到越来越广泛的应用。如图 2.13 所示。

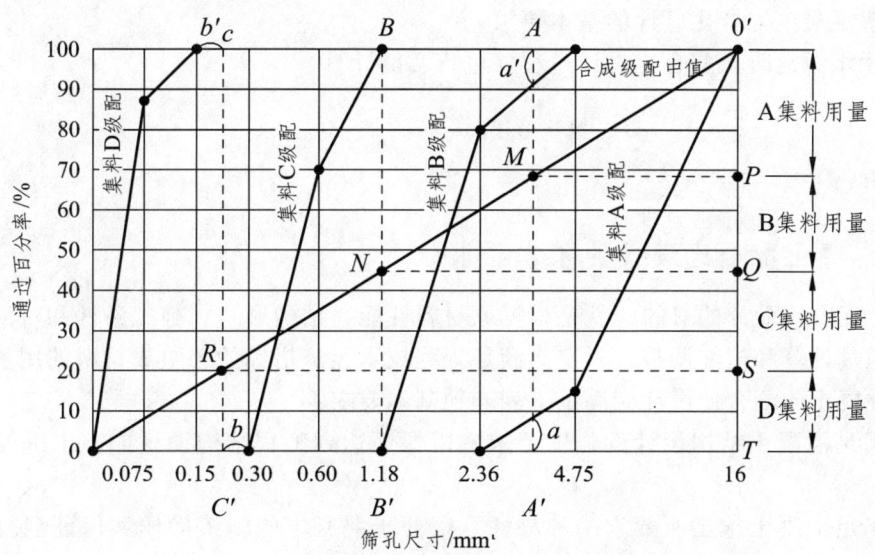

图 2.13 集料筛分曲线与矿料级配设计曲线

项目三 混凝土与砂浆试验

任务一 混凝土的配合比设计

任务导入

建筑工程中混凝土配合比是混凝土中各组成材料之间的比例关系。混凝土配合比通常用每立方米混凝土中各种材料的质量来表示,或以各种材料量的比例表示。混凝土配合比的确定可根据工程特点、组成材料的质量、施工方法等因素,通过理论计算和试配来确定。

任务目标

1. 了解混凝土配合比设计的基本要求。
2. 熟悉水泥混凝土配合比设计过程并进行实例计算。

相关知识

一、混凝土配合比设计的基本要求

混凝土配合比设计的目的,就是根据原材料性能、结构形式、施工条件和对混凝土的技术要求,通过计算和试配调整,确定出满足工程技术经济指标的各组成材料的用量。为达到该目的,混凝土的配合比设计应满足下列 4 项基本要求:

(1)满足混凝土结构设计的强度要求,以保证达到工程结构设计或施工进度所要求的强度。

(2)满足混凝土施工所要求的和易性,以便于混凝土的施工操作和保证混凝土的施工质量。

(3)满足与工程所处环境和使用条件相适应的耐久性要求。

(4)符合经济性原则,在保证质量的前提下,应尽量节约水泥、降低成本。

二、混凝土配合比设计的 3 个重要参数

普通混凝土 4 种主要组成材料的相对比例,通常由以下 3 个参数来控制。

1. 水胶比。

混凝土中水与胶凝材料的用量比称为水胶比。它决定混凝土的强度,对混凝土拌和物的

和易性、耐久性、经济性都有较大影响。水胶比较小时，可以使强度更高、耐久性更好；在满足强度和耐久性要求时，选用较大水胶比，可以节约水泥，降低生产成本。

2. 砂率。

砂的质量占砂石总质量的百分比，称为砂率。它能够影响混凝土拌和物的和易性。砂率的选用应合理，在保证混凝土拌和物和易性要求的前提下，选用较小值可节约水泥。

3. 单位用水量。

单位用水量是指 1 m³ 混凝土拌和物中水的用量。在水灰比不变的条件下，单位用水量如果确定，那么水泥用量和集料的总用量也随之确定。因此单位用水量反映了水泥浆与集料之间的比例关系。为节约水泥和改善混凝土耐久性，在满足流动性条件下，应尽可能取较小的单位用水量。

混凝土配合比中 3 个参数的关系如图 3.1 所示。

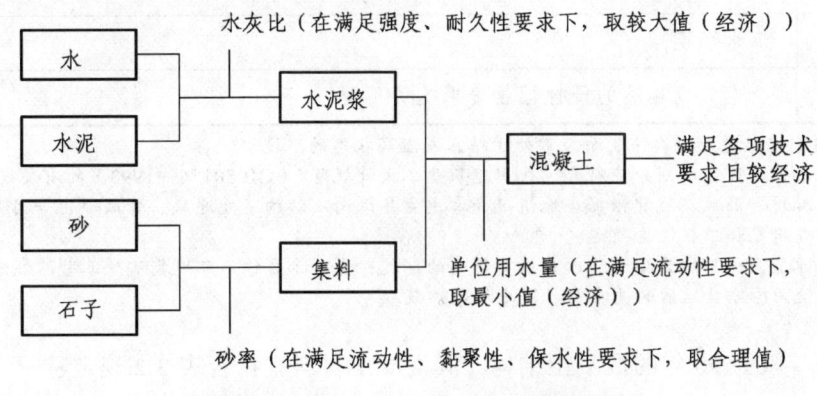

图 3.1　混凝土配合比 3 个参数的关系

三、混凝土配合比设计的步骤

混凝土配合比设计包括初步配合比的计算、试验室配合比设计和施工配合比的确定。

配合比设计基本规定：

混凝土配合比设计应满足混凝土配制强度及其他力学性能、拌和物性能、长期性能和耐久性能的设计要求。混凝土拌和物性能、力学性能、长期性能和耐久性能的试验方法应分别符合现行国家标准 GB/T 50080—2002《普通混凝土拌合物性能试验方法标准》、GB/T 50081—2002《普通混凝土力学性能试验方法标准》和 GB/T 50082—2009《普通混凝土长期性能和耐久性能试验方法标准》的规定。

混凝土配合比设计应采用工程实际使用的原材料；配合比设计所采用的细集料含水率应小于 0.5%，粗集料含水率应小于 0.2%。

混凝土的耐久性主要取决于混凝土的密实程度，而密实度又取决于混凝土的水胶比和胶凝材料用量。当水胶比偏大或胶凝材料用量偏小时都有可能在硬化后的混凝土构件内部留下过多的孔隙，为日后引起混凝土耐久性不良现象留下隐患。当进行混凝土配合比设计时，为保证混凝土的耐久性，根据混凝土结构的环境类别，对混凝土的最大水胶比和最小胶凝材料用量，应符合表 3.3 规定。

混凝土结构的环境类别划分应符合表 3.1 要求。

表 3.1 混凝土结构的环境类别

环境类别	条 件
一	室内干燥环境；无侵蚀性静水浸没环境
二 a	室内潮湿环境；非严寒和非寒冷地区的露天环境；非严寒和非寒冷地区与无侵蚀性的水或土直接接触的环境；严寒和寒冷地区的冰冻线以下与无侵蚀性的水或土直接接触的环境
二 b	干湿交替环境；频繁变动环境；严寒和寒冷地区的露天环境；严寒和寒冷地区的冰冻线以上与无侵蚀性的水或土直接接触的环境
三 a	严寒和寒冷地区冬季水位变动区环境；受除冰盐影响环境；海风环境
三 b	盐渍土环境；受除冰盐作用环境；海岸环境
四	海水环境
五	受人为或自然的侵蚀性物资影响的环境

注：① 室内潮湿环境是指构件表面经常处于结露或湿润状态的环境。
② 严寒和寒冷地区的划分应符合《民用建筑热工设计规范》(GB 50176—1993) 的有关规定。
③ 海岸环境和海风环境宜根据当地情况，考虑主导风向及结构所处迎风、背风部位等因素的影响，由调查研究和工程经验确定。
④ 受除冰盐影响环境为受到除冰盐盐雾影响的环境；受除冰盐作用环境指被除冰盐溶液溅射的环境以及使用除冰盐地区的洗车房、停车楼等建筑。

设计使用年限为 50 年的混凝土结构，其混凝土材料宜符合表 3.2 规定：

表 3.2 结构混凝土材料的耐久性基本要求

环境等级	最大水胶比	最低强度等级	最大氯离子含量/%	最大碱含量/(kg/m^3)
一	0.60	C20	0.30	不限制
二 a	0.55	C25	0.20	3.0
二 b	0.50（0.55）	C30（C25）	0.15	3.0
三 a	0.45（0.50）	C35（C30）	0.15	3.0
三 b	0.40	C40	0.10	3.0

注：① 氯离子含量是指其占胶凝材料总量的百分比。
② 预应力构件混凝土中的最大氯离子含量为 0.05%；最低混凝土强度等级应按表中的规定提高两个等级。
③ 素混凝土构件的水胶比及最低强度等级的要求可适当放松。
④ 有可靠工程经验时，二类环境中的最低混凝土强度等级可降低一个等级。
⑤ 处于严寒和寒冷地区二 b、三 a 类环境中的混凝土应使用引气剂，并可采用括号中的有关参数。
⑥ 当使用非碱活性集料时，对混凝土中的碱含量可不做限制。

混凝土的最小胶凝材料用量应符合表 3.3 规定；配置 C15 及其以下强度等级的混凝土，可不受该表控制。

表 3.3 混凝土的最小胶凝材料用量

最大水胶比	最小胶凝材料用量/(kg/m³)		
	素混凝土	钢筋混凝土	预应力混凝土
0.60	250	280	300
0.55	280	300	300
0.50	320		
≤0.45	330		

矿物掺合料在混凝土中的掺量应通过试验确定，采用硅酸盐水泥或普通硅酸盐水泥时，钢筋混凝土中矿物掺合料最大掺量宜符合表 3.4 规定，应力混凝土中矿物掺合料最大掺量宜符合表 3.5。对基础大体积混凝土，粉煤灰、粒化高炉矿渣粉和复合掺合料的最大掺量可增加 5%。采用掺量大于 30%的 C 类粉煤灰的混凝土应以实际使用的水泥和粉煤灰掺量进行安定性检验合格。

表 3.4 钢筋混凝土中矿物掺合料最大掺量

矿物掺合料种类	水胶比	最大掺量/%	
		采用硅酸盐水泥时	采用普通硅酸盐水泥时
粉煤灰	≤0.40	45	35
	>0.40	40	30
粒化高炉矿渣粉	≤0.40	65	55
	>0.40	55	45
钢渣粉	—	30	20
磷渣粉	—	30	20
硅灰	—	10	10
复合掺合料	≤0.40	65	55
	>0.40	55	45

表 3.5 应力混凝土中矿物掺合料最大掺量

矿物掺合料种类	水胶比	最大掺量/%	
		采用硅酸盐水泥时	采用普通硅酸盐水泥时
粉煤灰	≤0.40	35	30
	>0.40	25	20
粒化高炉矿渣粉	≤0.40	55	45
	>0.40	45	35
钢渣粉	—	20	10
磷渣粉	—	20	10
硅灰	—	10	10
复合掺合料	≤0.40	55	45
	>0.40	45	35

注：以上两表中，
① 采用其他通用硅酸盐水泥时，宜将水泥混合材料掺量 20%以上的混合材量计入矿物掺合料；
② 符合掺合料各组分的掺量不宜超过单掺时的最大掺量；
③ 在混合使用两种或两种以上矿物掺合料时，矿物掺合料总掺量应符合以上表中规定。

长期处于潮湿或水位变动的寒冷和严寒环境以及盐冻环境的混凝土应掺用引气剂。引气剂掺量应根据混凝土含气量要求经试验确定，混凝土最小含气量应符合表 3.6 规定，最大不宜超过 7.0%。

表 3.6 混凝土最小含气量

粗集料最大粒径/mm	混凝土最小含气量/%	
	潮湿或水位变动的寒冷和严寒环境	盐冻环境
40.0	4.5	5.0
25.0	5.0	5.5
20.0	5.5	6.0

对于有预防混凝土碱集料反应设计要求的工程，宜掺用适量粉煤灰或其他矿物掺合料，混凝土中最大碱含量不应大于 3.0 kg/m³。对于矿物掺合料碱含量，粉煤灰碱含量可取实测值的 1/6，粒化高炉矿渣粉碱含量可取实测值的 1/2。

1. 初步配合比的计算。

根据混凝土原材料的性能、设计要求的强度、施工要求的坍落度和使用环境所要求的耐久性，利用经验公式及经验参数，初步计算出混凝土各组成材料的用量，以得出供试配用的初步配合比。

（1）确定配制强度 $f_{cu,0}$。

根据 JGJ 55—2011《普通混凝土配合比设计规程》规定，配制强度应按下式确定：

① 当混凝土的设计强度等级小于 C60 时，配制强度应按式（3.1）确定：

$$f_{cu,0} \geqslant f_{cu,k} + 1.645\sigma \tag{3.1}$$

式中 $f_{cu,0}$——混凝土配制强度（MPa）；

$f_{cu,k}$——混凝土立方体抗压强度标准值，这里取混凝土的设计强度等级值（MPa）；

σ——混凝土强度标准差（MPa）。

② 当设计强度等级不小于 C60 时，配制强度应按式（3.2）确定：

$$f_{cu,0} \geqslant 1.15 f_{cu,k} \tag{3.2}$$

（2）混凝土强度标准差应按下列规定确定：

① 当具有 1~3 个月的同一品种、同一强度等级混凝土的强度材料，且试件组数不小于 30 时，其混凝土强度标准差应按式（3.3）计算：

$$\sigma = \sqrt{\frac{\sum_{i=1}^{n} f_{cu,i}^2 - n m_{fcu}^2}{n-1}} \tag{3.3}$$

式中 σ——混凝土强度标准差；

$f_{cu,i}$——第 i 组的试件强度（MPa）；

m_{fcu}—— n 组试件的强度平均值（MPa）；

n——试件的组数。

对于强度等级不大于 C30 的混凝土，当混凝土强度标准差计算值不小于 3.0 MPa 时，应按式（3.3）计算结果取值。当混凝土强度标准差计算值小于 3.0 MPa 时，应取 3.0 MPa。

对于强度等级大于 C30 且小于 C60 的混凝土，当混凝土强度标准差计算值不小于 4.0 MPa 时，应按式（3.3）计算结果取值；当混凝土强度标准差计算值小于 4.0 MPa 时，应取 4.0 MPa。

② 当没有近期的同一品种、同一强度等级混凝土强度资料时，其强度标准差 σ 可按表 3.7 取值。

表 3.7　强度标准差 σ 值

混凝土强度标准值	≤C20	C25～C45	C50～C55
σ/MPa	4.0	5.0	6.0

2. 混凝土初步配合比设计阶段。

（1）当混凝土强度等级小于 C60 时，混凝土水胶比可按式（3.4）计算：

$$\frac{W}{B} = \frac{\alpha_a \times f_b}{f_{cu,0} + \alpha_a \times \alpha_b \times f_b} \tag{3.4}$$

式中　$\dfrac{W}{B}$——混凝土水胶比；

　　　f_b——胶凝材料 28 d 胶砂抗压强度实测值（MPa）；

　　　α_a，α_b——回归系数。

回归系数 α_a 和 α_b 宜根据工程所使用原材料，通过试验建立的水胶比与混凝土强度关系式确定。当不具备上述试验统计资料时，回归系数可按表 3.8 采用。

表 3.8　回归系数选用表（JGJ 55—2011）

回归系数	碎　石	卵　石
α_a	0.53	0.49
α_b	0.20	0.13

① 当胶凝材料 28 d 胶砂抗压强度值（f_b）无实测值时，可采用公式（3.5）计算：

$$f_b = \gamma_f \gamma_s f_{ce} \tag{3.5}$$

式中　γ_f，γ_s——粉煤灰影响系数和粒化高炉矿渣粉影响系数，见表 3.9；

　　　f_{ce}——水泥 28 d 胶砂抗压强度（MPa），可实测。

表 3.9　粉煤灰影响系数（γ_f）和粒化高炉矿渣粉影响系数（γ_s）

掺量/% \ 种类	粉煤灰影响系数	粒化高炉矿渣粉影响系数
0	1.00	1.00
10	0.85～0.95	1.00
20	0.75～0.85	0.95～1.00

续表 3.9

掺量/% 种类	粉煤灰影响系数	粒化高炉矿渣粉影响系数
30	0.65~0.75	0.90~1.00
40	0.55~0.65	0.80~0.90
50	—	0.70~0.85

注：① 采用Ⅰ级、Ⅱ级粉煤灰宜取上限值；
② 采用 S75 级粒化高炉矿渣粉宜取下限值，采用 S95 级粒化高炉矿渣粉宜取上限值，采用 S105 级粒化高炉矿渣粉可取上限值加 0.05；
③ 当超出表中的掺量时，粉煤灰和粒化高炉矿渣粉影响系数应经试验确定。

② 当水泥 28d 胶砂抗压强度（f_{ce}）无实测值时，可按式（3.6）计算：

$$f_{ce}=\gamma_c f_{ce,g} \quad (3.6)$$

式中　γ_c——水泥强度等级值的富余系数，可按实际统计资料确定；当缺乏实际统计资料时，也可按表 3.10 选用；
　　　$f_{ce,g}$——水泥强度等级值（MPa）。

表 3.10　水泥强度等级值的富余系数（γ_c）

水泥强度等级值	32.5	42.5	52.5
富余系数	1.12	1.16	1.10

（2）确定单位用水量和外加剂用量：
① 干硬性混凝土和塑性混凝土用水量的确定。当水胶比在 0.40~0.80 范围内时，应根据粗集料的品种、粒径及施工要求的混凝土拌和物稠度，按表 3.11、表 3.12 选取单位用水量 m_{w0}。
② 混凝水胶比小于 0.40 时，可通过试验确定。

表 3.11　干硬性混凝土的用水量（JGJ 55—2011）　　　　kg/m³

拌和物稠度		卵石最大粒径/mm			碎石最大公称粒径/mm		
项目	指标	10	20	40	16	20	40
维勃稠度/s	16~20	175	160	145	180	170	155
	11~15	180	165	150	185	175	160
	5~10	185	170	155	190	180	165

表 3.12　塑性混凝土的用水量（JGJ 55—2011）　　　　kg/m³

拌和物稠度		卵石最大公称粒径/mm				碎石最大公称粒径/mm			
项目	指标	10	20	31.5	40	16	20	31.5	40
坍落度/mm	10~30	190	170	160	150	200	185	175	165
	35~50	200	180	170	160	210	195	185	175

续表 3.12

拌和物稠度		卵石最大公称粒径/mm				碎石最大公称粒径/mm			
项 目	指 标	10	20	31.5	40	16	20	31.5	40
坍落度/mm	55~70	210	190	180	170	220	205	195	185
	75~90	215	195	185	175	230	215	205	195

注：① 本表用水量是采用中砂时的平均值。采用细砂时，1 m³ 混凝土用水量可增加 5~10 kg；采用粗砂时，则可减少 5~10 kg。
② 掺用各种外加剂或矿物掺合料时，用水量应相应调整。

③ 掺外加剂时，每立方米流动性或大流动性混凝土的用水量 m_{w0} 可按式（3.7）计算：

$$m_{w0} = m'_{w0}(1-\beta) \tag{3.7}$$

式中 m_{w0} ——计算配合比每立方米混凝土的用水量（kg/m³）；

m'_{w0} ——未掺外加剂时推定的满足实际坍落度要求的每立方米混凝土用水量（kg/m³）。以本规程表 4.19 中 90 mm 坍落度的用水量为基础，按每增大 20 mm 坍落度相应增加 5 kg/m³ 用水量来计算，当坍落度增大到 180 mm 以上时，随坍落度相应增加的用水量可减少；

β ——外加剂的减水率（%），β 值应根据试验确定。

④ 每立方米混凝土中外加剂用量（m_{a0}）应按式（3.8）计算。

$$m_{a0} = m_{b0}\beta_a \tag{3.8}$$

式中 m_{a0} ——计算配合比每立方米混凝土中外加剂用量（kg/m³）；

m_{b0} ——计算配合比每立方米混凝土中胶凝材料用量（kg/m³）；

β_a ——外加剂掺量（%），应经混凝土试验确定。

⑤ 每立方米混凝土的胶凝材料用量（m_{b0}）应按式（3.9）计算，并应进行试拌调整，在拌和物性能满足的情况下，取经济合理的胶凝材料用量。

$$m_{b0} = \frac{m_{w0}}{W/B} \tag{3.9}$$

式中 m_{b0} ——计算配合比每立方米混凝土中胶凝材料用量（kg/m³）；

m_{w0} ——计算配合比每立方米混凝土的用水量（kg/m³）；

W/B ——混凝土水胶比。

⑥ 每立方米混凝土的矿物掺合料用量（m_{f0}）应按式（3.10）计算。

$$m_{f0} = m_{b0}\beta_f \tag{3.10}$$

式中 m_{f0} ——计算配合比每立方米混凝土中矿物掺合料用量（kg/m³）；

β_f ——矿物掺合料掺量（%）。

⑦ 每立方米混凝土的水泥用量（m_{c0}）应按式（3.11）计算。

$$m_{c0} = m_{b0} - m_{f0} \tag{3.11}$$

式中 m_{c0} ——计算配合比每立方米混凝土中水泥用量（kg/m³）。

⑧ 砂率(β_s)根据集料的技术指标、混凝土拌和物性能和施工要求，参考既有历史资料确定。

当缺乏砂率的历史资料时，混凝土砂率的确定应符合下列规定：
- 坍落度小于 10 mm 的混凝土，其砂率应由试验确定。
- 坍落度为 10~60 mm 的混凝土，应根据粗集料的种类、最大公称粒径及水胶比按表选取。
- 坍落度大于 60 mm 的混凝土，砂率可由试验确定，也可在表 3.13 的基础上，按坍落度每增大 20 mm，砂率增大 1%的幅度予以调整。

表 3.13 混凝土的砂率（JGJ 55—2011）

水胶比（W/B）	卵石最大公称粒径/mm			碎石最大公称粒径/mm		
	10.0	20.0	40.0	16.0	20.0	40.0
0.40	26~32	25~31	24~30	30~35	29~34	27~32
0.50	30~35	29~34	28~33	33~38	32~37	30~35
0.60	33~38	32~37	31~36	36~41	35~40	33~38
0.70	36~41	35~40	34~39	39~44	38~43	36~41

注：① 本表数值是中砂的选用砂率，对细砂或粗砂，可相应地减小或增大砂率；
② 采用人工砂配制混凝土时，砂率可适当增大；
③ 只用一个单粒级粗集料配制混凝土时，砂率应适当增大。

⑨ 计算混凝土配合比时，粗、细集料用量和砂率可通过质量法和体积法来计算。
A. 质量法。质量法又称假定表观密度法，认为混凝土的质量等于各组成材料质量之和。

$$\left.\begin{array}{l} m_{c0} + m_{s0} + m_{g0} + m_{w0} + m_{f0} = m_{cp} \\ \beta_s = \dfrac{m_{s0}}{m_{s0} + m_{g0}} \times 100\% \end{array}\right\} \quad (3.12)$$

式中 β_s——混凝土的砂率（%）；
m_{s0}, m_{g0}——计算配合比每立方米混凝土中的细、粗集料用量（kg/m³）；
m_{cp}——每立方米混凝土拌和物的假定质量（kg），可取 2 350~2 450 kg/m³。

B. 体积法。

$$\left.\begin{array}{l} \dfrac{m_{c0}}{\rho_c} + \dfrac{m_{s0}}{\rho_s} + \dfrac{m_{g0}}{\rho_g} + \dfrac{m_{w0}}{\rho_w} + \dfrac{m_{f0}}{\rho_f} + 0.01\alpha = 1 \\ \beta_s = \dfrac{m_{s0}}{m_{s0} + m_{g0}} \times 100\% \end{array}\right\} \quad (3.13)$$

式中 ρ_c——水泥密度（kg/m³），可按现行国家标准 GB/T 208—94《水泥密度测定方法》测定，也可取 2 900~3 100 kg/m³；
ρ_s——细集料的表观密度（kg/m³），应按现行行业标准 JGJ 52—2006《普通混凝土用砂、石质量及检验方法标准》测定；

ρ_g——粗集料的表观密度（kg/m³），应按现行行业标准 JGJ 52—2006《普通混凝土用砂、石质量及检验方法标准》测定；

ρ_w——水的密度（kg/m³），可取 1 000 kg/m³；

ρ_f——矿物掺合料密度（kg/m³），可按现行国家标准 GB/T 208—94《水泥密度测定方法》测定；

α——混凝土的含气量百分数，在不使用引气剂或引气型外加剂时，α 可取 1。

3. 混凝土配合比的试配、调整与确定。

（1）混凝土配合比的试配。

① 混凝土试配应采用强制式搅拌机进行搅拌，并应符合现行行业标准 JG 244—2009《混凝土试验用搅拌机》的规定，搅拌方法宜与施工采用的方法相同。

混凝土搅拌的最短时间可按表 3.14 采用，当搅拌高强混凝土时，搅拌时间应适当延长；采用自落式搅拌机时，搅拌时间宜延长 30 s。对于双卧轴强制式搅拌机，可在保证搅拌均匀的情况下适当缩短搅拌时间。混凝土搅拌时间应每班检查 2 次。

表 3.14 混凝土搅拌的最短时间

混凝土坍落度/mm	搅拌机机型	搅拌机出料量/L		
		<250	250~500	>500
≤40	强制式	60	90	120
>40 且<100	强制式	60	60	90
≥100	强制式	60		

注：（1）混凝土搅拌的最短时间系指全部材料装入搅拌筒中起到开始卸料止的时间。
（2）试验室成型条件应符合现行国标 GB/T 50080—2002《普通混凝土拌合物性能试验方法标准》的规定。
（3）每盘混凝试配的最小搅拌量应符合表 3.15 规定，并不应小于搅拌机公称容量的 1/4，且不应大于搅拌机公称容量。
（4）在计算配合比的基础上应进行试拌。计算水胶比宜保持不变，并应通过调整配合比其他参数使混凝土拌和物性能符合设计和施工要求，然后修正计算配合比，提出试拌配合比。
（5）在试拌配合比的基础上应进行混凝土强度试验，并应符合下列规定：
  ① 应采用三个不同的配合比，其中一个为试拌配合比，另外两个配合比的水胶比宜较试拌配合比分别增加和减少 0.05，用水量应与试拌配合比相同，砂率可分别增加和减少 1%；
  ② 进行混凝土强度试验时，拌和物性能应符合设计和施工要求；
  ③ 进行混凝土强度试验时，每个配合比应至少制作一组试件，并应标准养护到 28 d 或设计规定龄期时试压。

表 3.15 混凝土试配的最小搅拌量

粗集料最大公称粒径/mm	≤31.5	40
拌和物容量/L	20	25

（2）混凝土配合比的调整与确定。

① 配合比调整应符合下列规定：

• 根据混凝土强度试验结果，宜绘制强度和胶水比的线性关系图或插值法确定的略大于配置强度对应的胶水比。

- 在试拌配合比的基础上，用水量（m_w）和外加剂用量（m_a）应根据确定的水胶比作调整。
- 胶凝材料用量（m_b）应以用水量乘以确定的胶水比计算得出。
- 粗集料和细集料用量（m_g 和 m_s）应根据用水量和胶凝材料用量进行调整。

② 混凝土拌和物表观密度和配合比校正系数的计算应符合下列规定：

配合比调整后的混凝土拌和物的表观密度应按式（3.14）计算：

$$\rho_{c,c} = m_c + m_f + m_g + m_s + m_w \quad (3.14)$$

式中 $\rho_{c,c}$ ——混凝土拌和物的表观密度计算值（kg/m^3）；
m_c ——每立方米混凝土的水泥用量（kg/m^3）；
m_f ——每立方米混凝土的矿物掺合料用量（kg/m^3）；
m_g ——每立方米混凝土的粗集料用量（kg/m^3）；
m_s ——每立方米混凝土的细集料用量（kg/m^3）；
m_w ——每立方米混凝土的用水量（kg/m^3）。

混凝土配合比校正系数应按式（3.15）计算：

$$\delta = \frac{\rho_{c,t}}{\rho_{c,c}} \quad (3.15)$$

式中 δ ——混凝土配合比校正系数；
$\rho_{c,t}$ ——混凝土拌和物的表观密度实测值（kg/m^3）。

当混凝土拌和物表观密度实测值与计算值之差的绝对值不超过计算值的 2%时，按上述调整规则调整后的配合比可维持不变；当两者之差超过 2%时，应将配合比中每项材料用量均乘以校正系数(δ)。

③ 配合比调整后，应测定拌和物水溶性氯离子含量，试验结果应符合下面规定：

混凝土拌和物中水溶性氯离子最大含量应符合表 3.16 规定，其测试方法应符合现行业标准 JTJ 270—98《水运工程混凝土试验规程》中混凝土拌和物中氯离子含量的快速测定方法的规定。

表 3.16　混凝土拌和物中水溶性氯离子最大含量

环境条件	水溶性氯离子最大含量/%		
	钢筋混凝土	预应力混凝土	素混凝土
干燥环境	0.30	0.06	1.00
潮湿但不含氯离子的环境	0.20		
潮湿且含有氯离子的环境、盐渍土环境	0.10		
除冰盐等侵蚀性物质的腐蚀环境	0.06		

④ 对耐久性有设计要求的混凝土应进行相关耐久性试验验证。

⑤ 生产单位可根据常用材料设计出常用的混凝土配合比备用，并应在启用过程中予以验证或调整。遇有下列情况之一时，应重新进行配合比设计：

- 对混凝土性能有特殊要求时;
- 水泥、外加剂或矿物掺合料等原材料品种、质量有显著变化时。

4. 施工配合比的确定。

混凝土的试验室配合比是以材料处于干燥状态为基准的,但施工现场存放的砂、石材料都会含有一定的水分,所以施工现场各材料的实际称量,应按施工现场砂、石的含水情况进行修正,并调整相应的用水量,修正后的混凝土配合比即施工配合比。施工配合比修正的原则是:胶凝材料不变,补充砂石,扣除水量。

假设施工现场测出砂的含水率为 $a\%$、石子的含水率为 $b\%$,则各材料用量分别为

$$\left.\begin{aligned} m'_c &= m_c \\ m'_f &= m_f \\ m'_s &= m_s(1+a\%) \\ m'_g &= m_g(1+b\%) \\ m'_w &= m_w - m_s \times a\% - m_g \times b\% \end{aligned}\right\} \quad (3.16)$$

式中 $m'_c, m'_s, m'_g, m'_w, m'_f$ —— 施工配合比中 1 m³ 混凝土水泥、砂、石子和水和矿物掺合料的用量(kg);

m_c, m_s, m_g, m_w, m_f —— 试验室配合比中 1 m³ 混凝土水泥、砂、石子和水和矿物掺合料的用量(kg)。

【例 4.2】 某钢筋混凝土桥 T 梁用混凝土的设计强度等级为 C30,标准差 $\sigma = 5.0$ MPa,混凝土设计坍落度为 35~50 mm。本单位无混凝土强度回归系数统计资料,采用 $\alpha_a = 0.53$,$\alpha_b = 0.20$。可供材料:42.5 级硅酸盐水泥,密度为 3.10 g/cm³,水泥富余系数取 1.16;中砂,表观密度为 2 650 kg/m³;碎石最大粒径为 20 mm,表观密度为 2 700 kg/m³;水为自来水。桥梁处于寒冷地区,要求最大水灰比限定值为 0.55,最小水泥用量限定值为 300 kg/m³。试计算:

(1)混凝土的配置强度为多大?

(2)若单位用水量为 195 kg/m³,砂率取 33%,计算初步配合比。

(3)按初步配合比在试验室试拌 30 L 混凝土,实际各材料用量为多少?(计算结果精确至 0.01 kg)

解 (1)计算混凝土的配制强度 $f_{cu,0}$。由题意可知,设计要求混凝土强度为 C30。

$$f_{cu,0} = f_{cu,k} + 1.645\sigma = 30 + 1.645 \times 5.0 = 38.2 \text{ MPa}$$

(2)计算初步配合比。

① 计算水胶比 W/B。

水泥实际强度为: $f_{c,e} = 1.16 \times 42.5 = 49.3$ MPa

由于无其他矿物掺合料,所以

$$\frac{W}{B} = \frac{W}{C} = \frac{\alpha_a f_{ce}}{f_{cu,0} + \alpha_a \alpha_b f_{ce}} = \frac{0.53 \times 49.3}{38.2 + 0.53 \times 0.20 \times 49.3} = 0.60$$

按耐久性要求允许最大水灰比为 0.55 校核,$W/C = 0.60$ 未满足耐久性要求,取 $W/C = 0.55$。

② 计算单位水泥用量。

单位用水量 $m_{w0} = 195 \text{ kg/m}^3$，则

$$m_{c0} = \frac{m_{w0}}{W/C} = \frac{195}{0.55} = 355 \text{ kg/m}^3$$

按耐久性要求最小水泥用量为 300 kg/m³ 校核，$m_{c0} = 355 \text{ kg/m}^3$ 符合要求。

③ 计算单位砂石用量。

已知混凝土砂率 $\beta_s = 33\%$，$\rho_c = 3.10 \times 10^3 \text{ kg/m}^3$，$\rho_s = 2.65 \times 10^3 \text{ kg/m}^3$，$\rho_g = 2.70 \times 10^3 \text{ kg/m}^3$，采用体积法计算：

$$\frac{m_{s0}}{2\,650} + \frac{m_{g0}}{2\,700} = 1 - \frac{355}{3100} - \frac{195}{1\,000} - 0.01 \times 1$$

$$\frac{m_{s0}}{m_{s0} + m_{g0}} \times 100 = 33$$

求得：单位砂用量 $m_{s0} = 601 \text{ kg/m}^3$，单位碎石用量 $m_{g0} = 1\,226 \text{ kg/m}^3$。

④ 初步配合比，见表 3.17。

表 3.17 初步配合比

1 m³ 混凝土用料量/kg	水泥	砂	碎石	水
	355	601	1226	195
质量比	1∶1.69∶3.45∶0.55			

试拌 30 L 混凝土，实际各材料用量：

水泥　　355 × 0.03 = 10.65 kg

水　　　195 × 0.03 = 5.85 kg

砂　　　601 × 0.03 = 18.03 kg

碎石　　1226 × 0.03 = 36.78 kg

思考练习题

1. 混凝土配合比设计中 3 个重要参数和 4 项基本要求是什么？

2. 某教学楼为现浇钢筋混凝土梁，混凝土的设计强度等级为 C25，无强度历史统计资料，混凝土施工采用机械搅拌，机械振捣，坍落度设计要求 35～50 mm。水泥采用 42.5 级普通硅酸盐水泥，密度为 3.10 g/cm³，水泥强度等级富余系数为 1.05；砂采用细度模数为 2.6 的中砂，表观密度为 2 650 kg/m³；石子采用连续粒级为 5～40 mm 的碎石，表观密度为 2 700 kg/m³；水采用自来水。试求混凝土的初步配合比。

3. 某混凝土初步配合比为 1 m³ 混凝土水泥 320 kg，砂 639 kg，碎石 1 283 kg，水 186 kg，试配后混凝土拌和物坍落度小于设计要求。增加 2%水泥浆后再经检测，混凝土拌和物坍落度符合设计要求，且黏聚性、保水性良好，此时测得混凝土拌和物的表观密度为 2 395 kg/m³，试求混凝土的基准配合比。

4. 已知某混凝土的试验室配合比为 1 m³ 混凝土水泥 330 kg，砂 673 kg，碎石 1 272 kg，水 145 kg，如果施工现场砂的含水率为 4%，石子的含水率为 1.5%，试求：① 混凝土的施工配合比；② 若工地搅拌机每拌制 1 次需要水泥两包（100 kg），则砂、石、水的相应配料量分别是多少？

成绩评定

序号	检测项目	检测内容及要求	配分	学员自评	学员互评	教师评分	得分
1	职业修养	安全、纪律	10				
2		文明、礼仪、行为习惯	5				
3		学习态度	5				
4	专业能力	了解配合比设计步骤	10				
5		熟练掌握初步配合比设计	15				
6		正确使用公式计算	15				
7		完成相关表格	15				
8		教室卫生	15				
9		作业完成情况	10				
综合评价							

知识拓展

混凝土的质量不仅取决于组成材料的技术性能，而且还取决于各组成材料的配合比例。混凝土的配合比是指混凝土各组成材料数量之间的比例关系。常用的表示方法有：

（1）以 1 m³ 混凝土中各组成材料的质量表示，如 1 m³ 混凝土需用水泥 300 kg、砂 720 kg、石子 1 260 kg、水 180 kg，该方法便于计算实际工程中混凝土各组成材料的数量。

（2）以各组成材料相互之间的质量比来表示，其中以水泥质量为 1，其他组成材料数量为水泥质量的倍数。将上例换算成质量比为水泥：砂：石子 = 1：2.4：4.2，水灰比 = 0.60，该方法便于确定拌制混凝土时的称料数量。

任务二 水泥混凝土工作性能检测

任务导入

顶岗实习的中专生小王今天和师傅一起去工地负责混凝土施工。混凝土到后师傅要小王做坍落度试验,并关切地问:"你会不会做?"小王自信地答道:"我会。"可是,小王一边做师傅一边摇头,最后生气地说:"你在学校怎么学的?回去把标准认真看一下。"小王这时有点脸红了。

任务目标

1. 掌握混凝土拌和物的和易性原理。
2. 熟练操作混凝土坍落度测定和试件成型。

相关知识

1. 混凝土。

混凝土是由胶凝材料、集料和水按适当比例配合,拌和制成具有一定可塑性的浆体,混凝土主要划分为两个阶段与状态:凝结硬化前的塑性状态,即新拌混凝土或混凝土拌和物;硬化之后的坚硬状态,即硬化混凝土或混凝土。

2. 普通混凝土。

混凝土的品种虽然繁多,但在实际工程中还是以水泥混凝土,即普通混凝土应用最为广泛。一般指以水泥为主要胶凝材料,与水、砂、石子,必要时掺入化学外加剂和矿物掺合料,按适当比例配合,经过均匀搅拌、密实成型及养护硬化而成的人造石材。工程上常用一个"砼"字代表。随着混凝土技术的发展,现常在混凝土中加入外加剂和矿物掺和料,以改善混凝土的性能。

3. 混凝土拌和物。

混凝土各组成材料拌和后,在未凝结硬化之前称为混凝土拌和物。它必须具有良好的和易性,以便于施工并获得均匀密实的浇注质量,因此和易性是关系到混凝土质量好坏的一个重要性质。

4. 和易性的概念。

和易性是指混凝土拌和物在保证质地均匀、各组分不离析的条件下,便于施工操作(如拌和、运输、浇注、捣实)的一种综合性能。它包括流动性、黏聚性和保水性三个方面的含义。

(1)流动性。

流动性是指混凝土拌和物在本身自重或施工机械振捣作用下,能够产生流动,并均匀密实地填满模板的性能。流动性的大小反映拌和物的稀稠情况,所以也称稠度。流动性大小与用水量、砂率等因素有关,流动性直接影响着浇捣施工的难易程度和混凝土的施工质量。

(2)黏聚性。

黏聚性是指混凝土拌和物在施工过程中,各组成材料之间具有一定的黏聚力,不致出现分层离析,使混凝土保持整体均匀性的性能。黏聚性大小与水泥浆用量及混凝土配合比有关。拌和物是由不同的材料组成的,各自的大小、密度、形状等差异很大,在运输、浇注、凝固过程中很容易出现大石子下沉,砂浆上浮现象,以致出现蜂窝、麻面、薄弱夹层等缺陷,影响混凝土的强度和耐久性。

(3)保水性。

保水性指混凝土拌和物保持水分不易析出的能力。混凝土拌和物在浇注捣实过程中,随着较重的集料颗粒下沉，较轻的水分将逐渐上升直到混凝土表面，这种现象叫泌水。由于水分上浮泌出，在混凝土内形成容易渗水的孔隙和通道，在混凝土表面形成疏松的表层；上浮的水分还会聚集在石子或钢筋的下方形成较大孔隙（水囊），削弱了水泥浆与石子、钢筋间的黏结力，影响混凝土的质量。在水泥用量少、用水量又多的情况下，易出现此现象，这对混凝土的抗渗性、抗冻性都有很大危害。

因此，为了保证混凝土的均匀性，除必须要求混凝土拌和物具有足够的流动性外，还要求具有良好的黏聚性和保水性。

5. 和易性的测定方法。

由于和易性是一项综合性的技术性能，到目前为止还没有一个科学的测试方法和定量指标能够比较全面地反映和易性的三项指标。通常采用测定混凝土拌和物的流动性，辅以对黏聚性和保水性的目测观察，再根据测定和观察的结果，综合评判混凝土拌和物的和易性是否符合要求。

根据 GB/T 50080—2002《普通混凝土拌合物性能试验方法标准》的规定，混凝土拌和物的流动性是以坍落度或维勃稠度表示的，坍落度适用于流动性和塑性混凝土拌和物，维勃稠度适用于干硬性混凝土拌和物。

操作活动

1. 分多组进行试验检测，以便每位同学都参与实验。
2. 试验操作过程。

下面具体讲如何进行水泥混凝土拌制和和易性试验。

一、试验目的

新拌混凝土拌和物，必须具备一定流动性，均匀、不离析、不泌水、容易抹平等性质，以适合运送、灌筑、捣实等施工要求。这些性质总称为和易性，通常用稠度表示。测定稠度的方式有坍落度和坍落扩展度及维勃稠度测定。

坍落度试验方法适用于集料最大粒径不大于 40 mm、坍落度值不小于 10 mm 的混凝土拌和物稠度测定；维勃稠度试验方法适用于最大粒径不大 40 mm、维勃稠度在 5～30 s 的混凝土拌和物稠度测定。

二、水泥混凝土拌和物的拌制

1. 人工拌制。

（1）试验仪具。

① 拌板：1 m×2 m 的金属板 1 块。

② 铁铲：手工拌和用，1 把。

③ 量斗（或其他容器）：装水泥及各种集料用，1 个。

④ 量水容器：1 个。

⑤ 抹布：1 块。

⑥ 台秤：称量 50 kg，分度值 0.5 kg，1 台。

（2）拌制步骤。

① 清除拌板上黏着的混凝土，并用湿布试润；然后按计算结果称取材料，分别装在各容器中。

② 将称好的砂置于拌板上，然后倒上所需数量的水泥，用铁铲拌和至呈均一颜色为止。

③ 加入所需数量的粗集料，并将全部拌和物加以拌和，使粗集料在整个干拌和物中均匀为止。

④ 将该拌和物收集成椭圆形的堆，在堆的中心扒一凹穴，将所需水的一半注入凹穴中，仔细拌和材料与水，不使水流散，重新将材料堆集成堆，并将剩下的水渐渐加入，继续用铲将混凝土混合料进行拌和（至少来回翻拌 6 遍），直至彻底拌匀为止。拌和时间（由注水时起）如表 3.18 规定。

表 3.18　拌和时间

拌和物体积/L	<30	31～50	51～70
拌和时间/min	>4～5	5～9	9～12

⑤ 在试验室制备混凝土拌和物时，试验室的温度应保持在 20±5 ℃，所用材料的温度应与试验室温度一致。

注：需要模拟施工条件下所用的混凝土时，所用原材料的温度宜与施工现场保持一致。

⑥ 试验室拌和混凝土时，材料用量应以质量计。称量精度：集料为 ±1%；水、水泥、掺合料、外加剂均为 ±0.5%。

⑦ 从试样制备完毕到开始做各项性能试验不宜超过 5 min。

2. 机械拌制。

（1）试验仪具。

① 试验室用混凝土拌和机：容积为 75～100 L，转速为 18～22 r/min。

② 铁铲。

③ 量斗及其他容器：装水泥和各种集料用。

④ 台秤：称量 50 kg，分度值 0.5 kg。

⑤ 拌板：1 m×2 m 的金属板。

⑥ 天平：称量 500 g，分度值 1 g。

⑦ 量筒：1 000 mL。

（2）拌制步骤。

① 按计算结果将所需材料分别称好，装在各容器中。

② 使用拌和机前，应先用少量砂浆进行涮膛，再刮出涮膛砂浆，以避免正式拌和混凝土时，水泥浆（黏附筒壁）损失。涮膛砂浆的水灰比及砂灰比，与正式混凝土相同。

③ 将称好的各种原材料，往拌和机内按顺序加入石子、砂和水泥，开动拌和机，将材料拌和均匀。在拌和过程中，将水徐徐加入，全部加料时间不宜超过 2 min。水全部加入后，继续拌和 2 min，然后将拌和物倾倒在拌和板上，再经人工翻拌 1～2 min，务使拌和物均匀一致。

所得的混凝土拌和物，可供做工作性试验或水泥混凝土强度试验用。

混凝土拌和机及拌板在使用后必须立即仔细清洗。

三、坍落度与坍落扩展度试验

1. 试验仪具。

（1）坍落度筒：构造和尺寸如图 3.2 所示。坍落度筒为铁板制成的截头圆锥筒，厚度应不小于 1.5 mm，内侧平滑，没有铆钉头之类的突出物，在筒上方约 2/3 高度处安装两个把手，近下端两侧焊两个踏脚板，以保证坍落度筒可以稳定操作。

（2）捣棒：直径 16 mm、长约 600 mm，并具有半球形端头的钢质圆棒。

（3）其他：小铲、钢尺、喂料斗、镘刀和钢平板等。

2. 试验方法。

（1）湿润坍落度筒及底板，在坍落度筒内壁和底板上应无明水。底板应放置在坚实水平面上，并把筒放在底板中心，然后用脚踩住二边的脚踏板，坍落度筒在装料时应保持固定的位置。

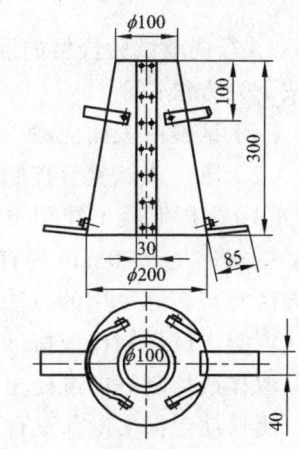

图 3.2 坍落度试验用坍落度筒
（尺寸单位：mm）

（2）把按要求取得的混凝土试样用小铲分三层均匀地装入筒内，使捣实后每层高度为筒高的三分之一左右。每层用捣棒插捣 25 次。插捣应沿螺旋方向由外向中心进行，各次插捣应在截面上均匀分布。插捣筒边混凝土时，捣棒可以稍稍倾斜。插捣底层时，捣棒应贯穿整个深度，插捣第二层和顶层时捣棒应插透本层至下一层的表面；浇灌顶层时，混凝土应灌到高出筒口。插捣过程中，如混凝土沉落到低于筒口，则应随时添加。顶层插捣完后，刮去多余的混凝土，并用抹刀抹平。

（3）清除筒边底板上的混凝土后，垂直平稳地提起坍落度筒。坍落度筒的提离过程应在 5~10 s 内完成；从开始装料到提坍落度筒的整个过程应不间断地进行，并应在 150 s 内完成。

（4）提起坍落度筒后，测量筒高与坍落后混凝土试体最高点之间的高度差，即为该混凝土拌和物的坍落度值；当坍落度筒提离后，如混凝土发生崩坍或一边剪现象，则应重新取样另行测定。如第二次试验仍出现上述现象，则表示该混凝土和易性不好，应予记录备查。

（5）观察坍落后的混凝土试体的黏聚性及保水性。黏聚性的检查方法是用捣棒在已坍落的混凝土锥体侧面轻轻敲打，此时如果锥体逐渐下沉，则表示黏聚性良好，如果锥体倒塌、部分崩裂或出现离析现象，则表示黏聚性不好。保水性以混凝土拌和物稀浆析出的程度来评定，坍落度筒提起后如有较多的稀浆从底部析出，锥体部分的混凝土也因失浆而集料外露，则表明此混凝土拌和物的保水性能不好；如坍落度筒提起后无稀浆或仅有少量稀浆自底部析出，则表示此混凝土拌和物保水性良好。

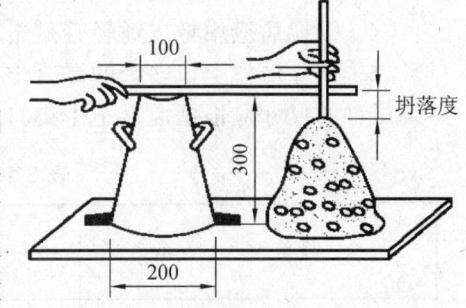

图 3.3 坍落度测定示意

（6）当混凝土拌和物的坍落度大于 220 mm 时，用钢尺测量混凝土扩展后最终的最大直径与最小直径，在这两个直径之差小于 50 mm 的条件下，用其算术平均值作为坍落扩展度值；

否则，此次试验无效。

如果发现粗集料在中央集堆或边缘有水泥浆析出，表示此混凝土拌和物抗离析性不好，应予记录。

混凝土拌和物坍落度和坍落扩展度值以毫米为单位，测量精确至 1 mm，结果表达修约至 5 mm。

四、试件成型与养护方法

1. 经稠度试验合格的混合料为测定技术性质，必须制备成各种不同尺寸的试件。试件成型按下列方法：

（1）试模内表面应涂一薄层矿物油或其他不与混凝土发生反应的脱模剂。

（2）取样或试验室拌制的混凝土应在拌制后尽短的时间内成型，一般不宜超过 15 min。

（3）根据混凝土拌和物的稠度确定混凝土成型方法，坍落度不大于 70 mm 的混凝土宜用振动振实；大于 70 mm 的宜用捣棒人工捣实；检验现浇混凝土或预制构件的混凝土，试件成型方法宜与实际采用的方法相同。

混凝土试件制作应按下列步骤进行：

取样或拌制好的混凝土拌和物应至少用铁锹再来回拌和三次，选择成型方法成型：

用振动台振实制作试件应按下述方法进行：

（1）将混凝土拌和物一次装入试模，装料时应用抹刀沿各试模壁插捣，并使混凝土拌和物高出试模口。

（2）试模应附着或固定在振动台上，振动时试模不得有任何跳动，振动应持续到表面出浆为止，不得过振。

用人工插捣制作试件应按下述方法进行：

（1）混凝土拌和物应分两层装入模内，每层的装料厚度大致相等。

（2）插捣应按螺旋方向从边缘向中心均匀进行。在插捣底层混凝土时，捣棒应达到试模底部；插捣上层时，捣棒应贯穿上层后插入下层 20~30 mm；插捣时捣棒应保持垂直，不得倾斜。然后应用抹刀沿试模内壁插拔数次。

（3）每层插捣次数按在 10 000 mm^2 截面积内不得少于 12 次。

（4）插捣后应用橡皮锤轻轻敲击试模四周，直至插捣棒留下的空洞消失为止。

（5）刮除试模上口多余的混凝土，待混凝土临近初凝时，用抹刀抹平。

试件的尺寸应根据混凝土中集料的最大粒径按表 3.19 选定。

表 3.19 混凝土试件尺寸选用表

试件横截面尺寸/mm	集料最大粒径/mm	
	劈裂抗拉强度试验	其他试验
100×100	20	31.5
150×150	40	40
200×200	—	63

注：集料最大粒径指的是符合 JGJ 53—92《普通混凝土用碎石或卵石质量标准及检验方法》中规定的圆孔筛的孔径。

尺寸公差：

（1）试件的承压面的平面度公差不得超过 0.000 5 d（d 为边长）。

（2）试件的相邻面间的夹角应为 90°，其公差不得超过 0.5°。

（3）试件各边长、直径和高的尺寸公差不得超过 1 mm。

2. 试件的养护：

（1）试件成型后应立即用不透水的薄膜覆盖表面。

（2）采用标准养护的试件，应在温度为 20±5 ℃ 的环境中静放 1~2 昼夜，然后编号、拆模。拆模后应立即放入温度为 20±2 ℃，相对湿度为 95% 以上的标准养护室中养护，或在温度为 20±2 ℃ 的不流动的 $Ca(OH)_2$ 饱和溶液中养护。标准养护室内的试件应放在支架上，彼此间隔 10~20 mm，试件表面应保持潮湿，并不得被水直接冲淋。

（3）同条件养护试件的拆模时间可与实际构件的拆模时间相同，拆模后，试件仍需保持同条件养护。标准养护龄期为 28 d，（从搅拌加水开始计时）。

以上试验记录见表 3.20。

表 3.20 水泥混凝土配合比设计及工作性、表观密度记录

设计条件	设计强度	使用地点和部位	施工方法	坍落度	备注

（一）水泥：品种　　　　　水泥抗压强度：抗压　　　抗折　　　MPa
厂牌　　　　　　出厂日期

（二）细集料：类别　　　　　　　　　　　　产地
表观密度　　　　　　　　　　细度模数

（三）粗集料：　　　　　　　掺配率：　甲（　　）　　　　%
类别：　　　　　　　　　　　　　　乙（　　）　　　　%
产地：　　　　　　　　　　　　　　丙（　　）　　　　%

（四）配比设计（质量比），材料用量表（kg/m³）：

	水泥	细集料	粗集料	水	外加剂
水灰比 含砂率					

（五）试拌记录：

试拌日期　　年　月　日　　拌和方法：　　拌和　　　　捣插
实测坍落度：　　　　mm　或　　　稠度：　　s
棍度：　　　　　　抹面：　　　　　　黏聚性：
混凝土理论密度：　　　kg/m³　　实际密度：　　　kg/m³
试件养护情况：温度　　　℃　　　相对湿度：　　%

	3 d	7 d	14 d	28 d	推算的 28 d
试件抗压强度/MPa					

试验者　　　　　　组别　　　　　　成绩　　　　　　试验日期

思考练习题

1. 普通混凝土是由哪些材料组成?他们在混凝土中有何作用?
2. 何谓混凝土的和易性?它包括哪些内容?怎样测定?

成绩评定

序号	检测项目	检测内容及要求	配分	学员自评	学员互评	教师评分	得分
		任 务 评 价					
1	职业修养	安全、纪律	10				
2		文明、礼仪、行为习惯	5				
3		工作态度	5				
4		团队协作和动手能力	5				
5	专业能力	正确使用仪器进行操作	15				
6		测量坍落度观察和易性	15				
7		独立制作标准试件	15				
8		拆模养护及表格完成情况	15				
9		仪器清洗、放置及教室卫生	15				
综合评价							

知识拓展

根据坍落度的大小,可将混凝土拌和物分为低塑性混凝土(坍落度为 10~40 mm)、塑性混凝土(坍落度为 50~90 mm)、流动性混凝土(坍落度为 100~150 mm)和大流动性混凝土(坍落度大于或等于 160 mm)。

一、影响和易性的主要因素

1. 水泥浆的数量。

在混凝土拌和物中,集料本身是干涩而无流动性的,拌和物的流动性来自水泥浆。水泥浆填充集料颗粒之间的空隙,并包裹集料,在集料颗粒表面形成浆层。这种浆层的厚度越大,集料颗粒产生相对移动的阻力就越小,所以混凝土中水泥浆的含量越多,拌和物的流动性越大。但如果水泥浆过多,集料则相对减少,将出现流浆现象,使拌和物的黏聚性变差,不仅浪费水泥,而且会使拌和物的强度和耐久性降低,因此水泥浆的数量应以满足流动性为宜。

(2)水泥浆的稠度。

水泥浆的稠度取决于水灰比。水灰比是指在混凝土拌和物中水的质量与水泥质量之比(W/C)。在水泥、集料用量不变的情况下,水灰比增大,水泥浆较稀,混凝土拌和物的流动性增强,但黏聚性和保水性降低;若水灰比减小,则会使拌和物流动性降低,影响施工。因此水灰比不能过大或过小，应根据混凝土强度和耐久性要求合理选用。

3. 单位用水量。

试验证明，无论是水泥浆数量的影响还是水灰比大小的影响，实际上都是用水量的影响。因此，影响混凝土拌和物和易性的决定性因素是单位用水量（每 1 m³ 混凝土中的用水量）。在集料用量一定的情况下，如果单位用水量一定，单位水泥用量增减不超过 50~100 kg，坍落度大体上保持不变，这一规律通常称为固定用水量法则。这一法则给混凝土配合比设计带来了方便，即通过固定单位用水量，变化水灰比，可配制出强度不同而坍落度相近的混凝土。

4. 砂率。

砂率是指混凝土拌和物中砂的质量占砂石总质量的百分率。试验证明，砂率对混凝土拌和物的和易性影响很大，一方面是砂形成的砂浆在粗集料间起润滑作用，在一定砂率范围内随砂率的增大，润滑作用越明显，流动性将提高；另一方面，在砂率增大的同时，集料的总表面积随之增大，需要润滑的水分增多，在用水量一定的条件下，拌和物流动性降低，所以当砂率超过一定范围后，流动性反而随砂率的增大而降低；另外如果砂率过小，砂浆数量不足，会使混凝土拌和物的黏聚性和保水性降低，产生离析和流浆现象。所以，砂率不能过大，也不能过小，最好的砂率应该是使砂浆的数量能填满石子的空隙并稍有多余，以便将石子拨开，这样在水泥浆一定的情况下，混凝土拌和物能获得最大的流动性，这样的砂率为合理砂率。

5. 水泥品种及细度。

不同品种的水泥需水量不同，所拌混凝土拌和物的流动性也不同。使用硅酸盐水泥和普通水泥拌制的混凝土，流动性较大，保水性较好；使用矿渣水泥及火山灰质水泥拌制的混凝土，流动性较小，保水性较差；使用粉煤灰水泥拌制的混凝土比普通水泥流动性更好，且保水性及黏聚性也很好。

此外，水泥的细度对拌和物的和易性也有影响，水泥细度越大，则流动性越小，黏聚性和保水性越好。

6. 集料的级配、粒形及粒径。

使用级配良好的集料，由于填补集料空隙所需的水泥浆数量较少，包裹集料表面的水泥浆厚，所以流动性较大，黏聚性与保水性较好；表面光滑的集料如河砂、卵石等，由于流动阻力小，因此流动性较大；集料的粒径增大，则总表面积减小，流动性增大。

7. 外加剂。

在拌制混凝土时，加入少量的外加剂，如减水剂、引气剂等，能改善混凝土拌和物的和易性，提高混凝土的耐久性。

8. 施工方法、温度和时间。

用机械搅拌和捣实时，水泥浆在振动中变稀，可使混凝土拌和物流动性增强；同时搅拌时间的长短也会影响混凝土拌和物的和易性。温度升高时，由于水泥水化加快，且水分蒸发较多，将使混凝土拌和物的流动性降低。搅拌后的混凝土拌和物，随着时间的延长将逐渐变得干稠，坍落度降低，流动性下降。

二、改善混凝土拌和物和易性的措施

为保证凝土拌和物具有良好的和易性，在实际施工中，可以采取如下措施加以改善：

（1）采用合理砂率，有利于和易性的改善，同时可以节省水泥，提高混凝土的强度。

（2）采用级配良好的集料，特别是粗集料的级配，并尽量采用较粗的砂、石。

（3）当混凝土拌和物坍落度太小时，保持水胶比不变，适当增加水泥浆用量；坍落度太大时，保持砂率不变，适当增加砂、石集料用量。

（4）掺入外加剂如减水剂，可提高混凝土拌和物的流动性。

三、维勃稠度试验

1. 试验仪具。

（1）维勃稠度计：构造如图 3.4 所示。

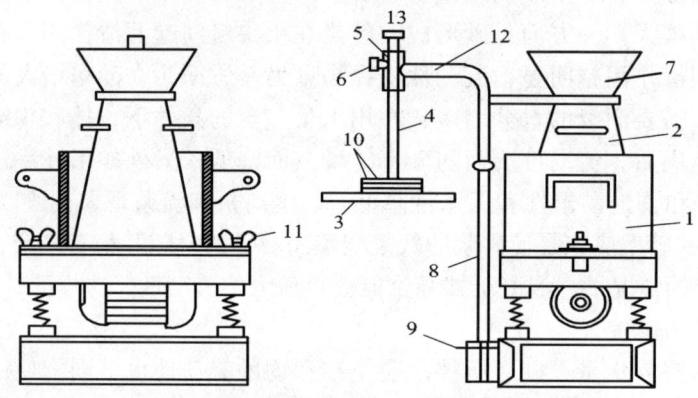

图 3.4 维勃稠度计

1—容器；2—坍落度筒；3—圆盘；4—滑棒；5—套筒；6—螺栓；7—漏斗；8—支柱；9—定位螺丝；
10—荷重；11—元宝螺丝；12—旋转架；13—螺栓

（2）其他：秒表、捣棒、馒刀等。

2. 试验方法。

（1）维勃稠度仪应放置在坚实水平面上，用湿布把容器、坍落度筒、喂料斗内壁及其他用具润湿。

（2）将喂料斗提到坍落度筒上方扣紧，校正容器位置，使其中心与喂料中心重合，然后拧紧固定螺丝。把按要求取样或制作的混凝土拌和物试样拌按坍落度试验方法用小铲分 3 层经喂料斗均匀地装入筒内，每层捣 25 次，抹平筒口，把喂料斗转离，垂直地提起坍落度筒，应注意不使混凝土试体产生横向扭动。

（3）把透明圆盘转到混凝土圆台体顶面，放松测杆螺钉，降下圆盘，使其轻轻接触到混凝土顶面。

（4）拧紧定位螺钉，并检查测杆螺钉是否已经完全放松。在开启振动台的同时用秒表计时，当振动到透明圆盘的底面被水泥浆布满的瞬间停止计时，并关闭振动台。

（5）由秒表读出时间即为该混凝土拌和物的维勃稠度值，精确至 1 s。

四、表观密度的测定

本方法适用于测定混凝土拌和物捣实后的单位体积质量（即表观密度）。

1. 试验仪器。

（1）容量筒：金属制成的圆筒，两旁装有提手。对集料最大粒径不大于 40 mm 的拌和物采用容积为 5 L 的容量筒，其内径与内高均为 186±2 mm，筒壁厚为 3 mm；集料最大粒径大于 40 mm 时，容量筒的内径与内高均应大于集料最大粒径的 4 倍。容量筒上缘及内壁应光滑平整，顶面与底面应平行并与圆柱体的轴垂直。

容量筒容积应予以标定，标定方法可采用一块能覆盖住容量筒顶面的玻璃板，先称出玻璃板和空桶的质量，然后向容量筒中灌入清水，当水接近上口时，一边不断加水，一边把玻璃板沿筒口徐徐推入盖严，应注意使玻璃板下不带入任何气泡；然后擦净玻璃板面及筒壁外的水分，将容量筒连同玻璃板放在台秤上称其质量；两次质量之差（kg）即为容量筒的容积（L）。

（2）台秤：称量 50 kg，感量 50 g。
（3）振动台：应符合 JG/T 3020—1994《混凝土试验室用振动台》中技术要求的规定。
（4）捣棒：JG3021 中规定的直径 16 mm、长 600 mm、端部呈半球形的捣棒。

2. 混凝土拌和物表观密度试验应按以下步骤进行：
（1）用湿布把容量筒内外擦干净，称出容量筒质量，精确至 50 g。
（2）混凝土的装料及捣实方法应根据拌和物的稠度而定。坍落度不大于 70 mm 的混凝土，用振动台振实为宜；大于 70 mm 的用捣棒捣实为宜。采用捣棒捣实时，应根据容量筒的大小决定分层与插捣次数：用 5 L 容量筒时，混凝土拌和物应分 2 层装入，每层的插捣次数应为 25 次；用大于 5 L 的容量筒时，每层混凝土的高度不应大于 100 mm，每层插捣次数应按每 10 000 mm² 截面不小于 12 次计算。各次插捣应由边缘向中心均匀地插捣，插捣底层时捣棒应贯穿整个深度，插捣第二层时，捣棒应插透本层至下一层的表面。每一层捣完后用橡皮锤轻轻沿容器外壁敲打 5~10 次，进行振实，直至拌和物表面插捣孔消失并不见大气泡为止。

采用振动台振实时，应一次将混凝土拌和物灌到高出容量筒口。当装料时可用捣棒稍加插捣，在振动过程中如混凝土低于筒口，应随时添加混凝土，振动直至表面出浆为止。

（3）用刮尺将筒口多余的混凝土拌和物刮去，表面如有凹陷应填平；将容量筒外壁擦净，称出混凝土试样与容量筒总质量，精确至 50 g。
（4）混凝土拌和物表观密度的计算应按式（3.17）计算：

$$\gamma_h = \frac{W_1 - W_2}{V} \times 1\,000 \tag{3.17}$$

式中　γ_h——表观密度（kg/m³）；
　　　W_1——容量筒质量（kg）；
　　　W_2——容量筒和试样总质量（kg）；
　　　V——容量筒容积（L）。

试验结果的计算精确至 10 kg/m³。

任务三　混凝土的强度检测

任务导入

北京日月房地产开发有限公司建设的旧宫三角地保障房项目部分在建工程结构混凝土强

度未达到设计要求。经检测和专家论证,北京市建设行政主管部门决定拆除 B、C 区 6 栋楼地上结构部分。

任务目标

1. 了解工程对水泥混凝土立方体抗压强度的要求。
2. 掌握水泥混凝土立方体抗压强度试验方法。
3. 熟悉压力试验机操作过程及抗压强度的计算过程。

相关知识

1. 混凝土立方体抗压强度。

按照标准方法将混凝土制成边长为 150 mm 的立方体试件(每组 3 个),在标准条件(温度为 20 ± 2 ℃,相对湿度 95% 以上)下养护 28 d,测得的抗压强度值称为混凝土立方体抗压强度,简称为混凝土的抗压强度,用 f_{cu} 表示,单位为 MPa。

2. 混凝土立方体抗压强度标准值。

混凝土立方体抗压强度标准值是指按标准方法制作和养护的边长为 150 mm 的立方体试件,在 28 d 龄期,用标准试验方法测得的强度总体分布中具有不低于 95% 保证率的立方体抗压强度值,用 $f_{cu,k}$ 表示,单位为 MPa。

3. 混凝土强度等级。

混凝土强度等级应按立方体抗压强度标准值确定。混凝土强度等级用符号 C 与立方体抗压强度标准值表示,C10、C15、C20、C25、C30、C35、C40、C45、C50、C55、C60、C65、C70、C75、C80、C90、C95 和 C100 十九个等级。例如 C30 表示混凝土立方体抗压强度标准值 $f_{cu,k}$ = 30 MPa。

4. 不同工程或用于不同部位的混凝土,其强度等级要求也不相同,一般是:

C15 的混凝土,用于垫层、基础、地坪及受力不大的结构。

C20 ~ C25 的混凝土,用于普通钢筋混凝土结构的梁、板、柱、楼梯、屋架、墩台、涵洞、挡土墙等。

C25 ~ C30 的混凝土,用于一般的预应力混凝土结构、隧道的边墙和拱圈等。

C30 ~ C40 的混凝土,用于屋架等较大跨度的预应力混凝土结构、轨枕、电杆、公路路面等。

C40 ~ C50 的混凝土用于预应力钢筋混凝土构件、吊车梁、特种结构及 25 ~ 30 层的建筑等。

C55 ~ C80 的混凝土,为高强度、高性能混凝土,主要用于 30 层以上的高层建筑、大跨度结构。

操作活动

1. 将试件从养护箱取出后待用。
2. 分组进行试验检测,分 6 个小组,每组 4 ~ 6 人(每组自行选出小组长、记录员、操作员及组员，大家互相配合并轮换共同完成本试验。小组长不变。）

下面具体讲如何进行水泥混凝土抗压强度试验（GB/T 50081—2002）。

一、试验目的

是按标准方法制作的 150 mm × 150 mm × 150 mm 立方体试件，在温度为 20 ± 2 ℃ 及相对温度 95%以上的标准养护室中养护，或在温度为 20 ± 2℃的不流动的 $Ca(OH)_2$ 饱和溶液中养护至 28 d 后，用标准试验方法测试，并按规定计算方法得到的水泥混凝土抗压强度值。

二、仪器设备

（1）压力试验机：压力试验机的上、下承压板应有足够的刚度，其中一个承压板上应具有球形支座，为了便利试件对中，球形支座最好位于上承压板上。压力机的精确度（示值的相对误差）应在 ±1%以内，压力机应进行定期检查，以确保压力机读数的准确性。根据预期的混凝土试件破坏荷载，选择压力机的量程，要求试件破坏时的读数不小于全量程的 20%，也不大于全量程的 80%。

当混凝土强度等级≥C60 时，试件周围应设防崩裂网罩。压力试验机上、下压板承压面的平面度公差为 0.04 mm；表面硬度不小于 55HRC；硬化层厚度约为 5 mm。否则试验机上、下压板与试件之间应各垫以符合要求的钢垫板。

（2）钢尺：精度 1 mm。

（3）台秤：称量 100 kg，分度值为 1 kg。

三、试验方法

（1）试件从养护地点取出后应及时进行试验，将试件表面与上下承压板面擦干净。

（2）将试件安放在试验机的下压板或垫板上，试件的承压面应与成型时的顶面垂直。试件的中心应与试验机下压板中心对准，开动试验机，当上压板与试件或钢垫板接近时，调整球座，使接触均衡。

（3）在试验过程中连续均匀地加荷。当混凝土强度等级<C30 时，加荷速度取每秒钟 0.3 ~ 0.5 MPa；当混凝土强度等级≥C30 且<C60 时，取每秒钟 0.5 ~ 0.8 MPa；当混凝土强度等级≥C60 时，取每秒钟 0.8 ~ 1.0 MPa。

（4）当试件接近破坏而开始急剧变形时，应停止调整试验机油门，直至破坏。然后记录破坏荷载。

四、试验数据处理

（1）混凝土立方体试件抗压强度 f_{cu}（以 MPa 计）按式（3.18）计算：

$$f_{cu} = F / A \tag{3.18}$$

式中 f_{cu} ——混凝土立方体试件抗压强度（MPa）；

F ——极限荷载（N）；

A ——试件承压面积（mm^2）。

混凝土立方体抗压强度计算应精确至 0.1 MPa。

（2）以 3 个试件测值的算术平均值作为该组试件的强度值（精确至 0.1 MPa）。3 个测值中的最大值和最小值有一个与中间值的差值超过中间值的 15%，则把最大值及最小值一并舍弃，取中间值作为该组试件的抗压强度值；如最大值和最小值与中间值的差均超过中间值的 15%，则该组试验结果无效。

（3）混凝土强度等级 < C60 时，用非标准试件测得的强度值均应乘以尺寸换算系数，200 mm × 200 mm × 200 mm 试件为 1.05，100 mm × 100 mm × 100 mm 试件为 0.95。当混凝土强度等级 ≥ C60 时，宜采用标准试件；使用非标准试件时，尺寸换算系数应由试验确定。

试验记录见表 3.21。

表 3.21 水泥混凝土立方体抗压强度试验记录表

试件编号	制备日期	试验日期	龄期/d	最大荷载 F/N	试件尺寸/mm	试件截面面积 A/mm²	抗压强度		换算系数	换算后 F_{cu}/MPa
							个别值 $f_{cu,i}$/MPa	代表值/MPa		

思考练习题

1. 何谓混凝土的立方体抗压强度标准值？它和混凝土强度等级有何关系？
2. 混凝土抗压强度试验时加荷速率怎样转换为压力机上显示的速率？
3. 怎样确定一组混凝土试件的抗压强度值？

成绩评定

任务评价							
序号	检测项目	检测内容及要求	配分	学员自评	学员互评	教师评分	得分
1	职业修养	安全、纪律	10				
2		文明、礼仪、行为习惯	5				
3		工作态度	5				
4	专业能力	团队协作和动手能力	10				
5		正确测量试件尺寸	15				
6		正确操作压力试验机	15				
7		按照公式进行计算	15				
8		完成相关表格	15				
9		垃圾清倒及教室卫生	10				
综合评价							

知识拓展

影响混凝土强度的因素：

在荷载作用下，混凝土的破坏形式通常有三种。最常见的一种是集料与水泥石的界面破坏，第二种是水泥石本身的破坏，第三种是集料的破坏。在普通混凝土中，集料破坏的可能性较小，因为集料的强度通常大于水泥石的强度及其与集料表面的黏结强度。水泥石的强度及其与集料的黏结强度与水泥的强度等级、水胶比及集料的质量有很大关系。另外，混凝土强度还受硬化龄期、养护条件及施工质量的影响。

（1）水泥强度等级和水胶比。

水泥强度等级及水胶比是影响混凝土强度最主要的因素。水泥是混凝土中的活性组分，在混凝土配合比相同的条件下，水泥强度等级越高，则配制的混凝土强度越高。当采用同一品种、同一强度等级的胶凝材料时，混凝土强度主要取决于水胶比。因为水泥水化时所需的结合水，一般只占水泥质量的23%左右，但混凝土拌和物为了获得必要的流动性，常需要较多的水（占水泥质量的40%~70%），即采用较大的水胶比。当混凝土硬化后，多余的水分就残留在混凝土中形成水泡或蒸发后形成气孔，大大减少了混凝土抵抗荷载的有效截面，在孔隙周围产生应力集中现象。因此，在水泥强度等级相同的情况下，水胶比越小，水泥石的强度越高，与集料黏结力越大，混凝土的强度越高。但是，如果水胶比太小，拌和物过于干稠，很难保证浇注、振实的质量，混凝土拌和物将出现较多的孔洞，导致混凝土的强度下降，如图3.5所示。

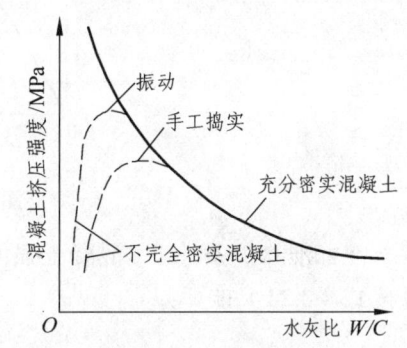

图 3.5 混凝土强度与水灰比的关系

大量试验表明，在原材料一定的情况下，混凝土 28d 的立方体抗压强度和胶凝材料强度、水胶比三者之间的关系，可用鲍罗米公式表述为：

$$f_{cu,0} = \alpha_a f_b \left(\frac{B}{W} - \alpha_b \right) \quad (3.19)$$

式中　$f_{cu,0}$——混凝土 28 d 抗压强度值（MPa）；

　　　f_b——胶凝材料 28d 胶砂抗压强度实测值（MPa）；

　　　$\dfrac{B}{W}$——胶水比；

　　　α_a, α_b——回归系数，其值与集料品种和水泥品种有关，α_a, α_b可按下列经验系数采用：对于碎石混凝土，$\alpha_a = 0.53$，$\alpha_b = 0.20$；对于卵石混凝土，$\alpha_a = 0.49$，$\alpha_b = 0.13$。

当胶凝材料 28 d 抗压强度实测值(f_b)无法得到时，可采用公式（3.20）计算：

$$f_b = \lambda_f \lambda_s f_{ce} \quad (3.20)$$

式中　f_b——胶凝材料 28 d 抗压强度计算值（MPa）；

　　　f_{ce}——水泥 28 d 胶砂抗压强度实测值（MPa）；

　　　λ_f, λ_s——粉煤灰影响系数和粒化高炉矿渣粉影响系数。

（2）集料。

一般集料本身的强度都比水泥石的强度高，因此集料的强度对混凝土的强度几乎没有影响。但是，如果含有大量软弱颗粒、针状与片状颗粒、风化的岩石，则会降低混凝土的强度。另外，集料的表面特征也会影响混凝土强度。表面粗糙、多棱角的碎石与水泥石的黏结力要比表面光滑的卵石与水泥石的黏结力高。所以，在水泥强度等级和水胶比相同的情况下，碎石混凝土强度高于卵石混凝土强度。

（3）龄期。

在正常养护条件下，混凝土强度随着硬化龄期的增长而逐渐提高，如图3.6所示，最初的3~7 d发展较快，28 d即可达到设计强度规定的数值，之后强度的增长速度逐渐缓慢，甚至可持续百年不衰。

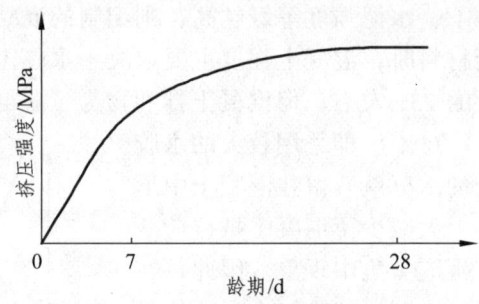

图3.6 混凝土强度增长曲线

在标准养护条件下，混凝土强度的发展大致与龄期的对数成正比关系（龄期不小于3 d），可按式（3.21）推算：

$$\frac{f_n}{f_{28}} = \frac{\lg n}{\lg 28} \tag{3.21}$$

式中 f_n——n 天龄期的混凝土抗压强度（MPa）；

f_{28}——28 d龄期的混凝土抗压强度（MPa）；

n——养护龄期（d）。

该公式仅适用于普通水泥拌制的混凝土。由于影响混凝土强度的因素很多，强度发展不可能完全一样，所以仅作一般估算参考。

（4）养护条件。

新拌混凝土浇筑完毕后，必须保持适当的温度和足够的湿度，才能为水泥的充分水化提供必要的有利条件，以保证混凝土强度的不断增长。

养护时的温度可影响水泥水化反应的速度。温度较高时，水化速度较快，混凝土强度增长也较快；当温度低于0 ℃时，混凝土中的水大量结冰，水泥颗粒不再发生水化反应，混凝土强度不但会停止增长，而且还会因混凝土孔隙中的冰胀而使混凝土强度遭到破坏。因此，当室外昼夜平均温度低于+5 ℃或最低温度低于-3 ℃时，混凝土的施工必须采取保暖措施。

水泥是水硬性胶凝材料，在强度形成过程中要吸收大量的水分，因此在养护中提供充足的水分是混凝土强度增长的必要条件。如果不及时供水或混凝土处于干燥环境中，则混凝土的硬化会随着水分的逐渐蒸发而停止，并会因毛细孔中水分枯竭而引起干缩裂缝，影响混凝土的强度和耐久性。为此，施工规范规定，在混凝土浇注完毕后，应在 12 h 内进行覆盖并开始浇水。在夏季施工中混凝土进行自然养护时，更要特别注意浇水保湿养护。混凝土的浇水养护时间，对于硅酸盐水泥、普通硅酸盐水泥或矿渣硅酸盐水泥配制的混凝土，不得少于 7 d；对于火山灰质硅酸盐水泥、粉煤灰硅酸盐水泥、掺有缓凝剂或有抗渗要求的混凝土，不得少于 14 d。

养护时常采用覆盖养护，通常在其表面用草袋、麻袋、塑料布等物覆盖严密，草袋、麻袋应保持潮湿，塑料布内应具有凝结水，使混凝土在潮湿状态下，以保证其强度均匀稳定地增长。

（5）施工质量。

在浇注混凝土时应充分捣实，只有充分捣实才能得到密实坚固的混凝土。捣实质量直接影响混凝土的强度，捣实方法有人工捣实与机械振捣两种。对于相同条件下的混凝土，采取机械振捣比人工振捣的施工质量好。

在使用机械振捣时，振捣时间长、频率大，混凝土的密实度高。但对于流动性大的混凝土，往往会因长时间振捣而使大集料颗粒下沉，产生离析、泌水现象，导致混凝土质量不均匀，强度下降。所以，在浇注时，应根据具体情况选择适当的振捣时间和频率。

任务四　水泥混凝土抗折强度检测

任务导入

某水泥混凝土路面在工程完工通车半年后发现，水泥混凝土路面出现断裂损坏较为普遍。排除路基不均匀沉降、车辆超载等因素的影响，发现损坏与混凝土自身抗折强度不足有关。

任务目标

1. 掌握水泥混凝土抗折强度用试件制作及养护。
2. 熟练掌握万能试验机操作。
3. 通过记录相关数据，正确计算抗折强度。

相关知识

水泥混凝土路面由于直接受车辆荷载的重复作用及环境因素（如温度、湿度）的影响，因而对混凝土板要求具有较高的抗折强度、耐久性、耐磨性和抗滑性。其中抗折强度是混凝土路面的一项重要控制指标，其大小是否满足设计要求，将直接影响到路面的整体质量及使用寿命。

混凝土小梁在弯曲压力下，单位面积上所能承受的最大荷载称为混凝土抗折强度。一般情况下，混凝土抗折强度为其立方体抗压强度的 1/10～1/5，为劈裂抗拉强度的 1.5～3.0 倍。抗折强度试验采用 150 mm×150 mm×600 mm（或 550 mm）的棱柱体试件作为标准试件。试件在标准养护条件下达到规定龄期后，在净跨 450 mm、双支点荷载作用下弯拉破坏，并按规定的计算方法得到的强度值。

操作活动

下面具体讲如何进行混凝土抗折强度试验：

一、试验目的

水泥混凝土抗折强度是水泥混凝土路面设计的重要参数。在水泥混凝土路面施工时，为了保证施工质量，也必须按规定测定抗折强度。

二、仪器设备

（1）试验机：压力试验机或万能试验机。

（2）抗折试验装置（图 3.7）：能使两个相等荷载同时作用在试件跨度 3 分点处的抗折试验装置。

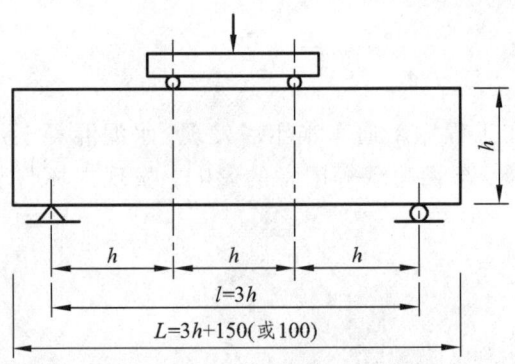

图 3.7　抗折试验装置（尺寸单位：mm）

（3）试件的支座和加荷头应采用直径为 20～40 mm、长度不小于 b+10 mm 的硬钢圆柱（b 为试件截面宽度），支座立脚点为固定铰支，其他应为滚动支点。

三、试验方法

（1）试验前先检查试件，将试件表面擦干净。试件中部 1/3 长度内不得有表面直径超过 5 mm、深度超过 2 mm 的孔洞，否则该试件应作废。

（2）在试件中部量出其宽度和高度，精确至 1 mm。安装尺寸偏差不得大于 1 mm。试件的承压面应为试件成型时的侧面。支座及承压面与圆柱压面与圆柱的接触面应平稳、均匀，否则应垫平。

（3）施加荷载应均匀、连续。当混凝土强度等级<C30时，加荷速度取0.02~0.05 MPa/s；当混凝土强度等级≥C30且<C60时，加荷速度取0.05~0.08 MPa/s；当混凝土强度等级≥C60时，取 0.08~0.10 MPa/s。当试件接近破坏时，应停止试验机油门，直至试件破坏。记录破坏荷载及试件下边缘断裂位置。

四、试验数据处理

（1）当断面发生在两个加荷点之间时，抗折强度为：

$$f_F = \frac{FL}{bh^2} \tag{3.22}$$

式中　F——试件破坏荷载（N）；
　　　L——支座间跨度（mm）；
　　　b——试件截面宽度（mm）；
　　　h——试件截面高度（mm）。

混凝土抗折强度计算应精确至0.1 MPa。

（2）以三个试件测值的算术平均值作为该组试件的抗强度值。三个测值中的最大值和最小值中如有一个与中间值的差值超过中间值的15%，则把最大值和最小值一并舍弃，取中间值为该组试件的抗折强度。如有两个测值与中间值的差均超过中间值的15%，则该组试件的试验结果无效。

（3）三个试件中若有一个折断面位于两个集中荷载之外，则混凝土抗折强度值按另两个试件的试验结果计算。若这两个测值的差值不大于这两个测值的较小值的15%时，则该组试件的抗折强度值按这两个侧值的平均值计算，否则该组试件试验无效。若有两个试件的下边缘断裂位置位于两个集中荷载作用线之外，则该组件试验无效。

（4）采用100 mm×100 mm×400 mm非标准试件时，在三分点加荷的试验方法同前，但所取得的抗折强度值应乘以尺寸换算系数0.85；当混凝土强度等级≥C60时，宜采用标准试件；使用非标准试件时，尺寸换算系数应由试验确定。

水泥混凝土抗折强度试验记录见表3.22。

表3.22　水泥混凝土抗折强度试验记录表

试件编号	制备日期	试验日期	龄期/d	最大荷载F/N	试件尺寸		断面与邻近支点距离x/mm	抗折强度		换算系数	换算后f_F/MPa
					宽高	长度		个别值f_{Fi}/MPa	代表值f_F/MPa		
其他说明（养护条件，试件破坏等描述）											

思考练习题

1. 何谓混凝土的立方体抗折强度？
2. 混凝土抗折强度试验时加荷速率怎样转换为压力机上显示的速率？
3. 怎样确定一组混凝土试件的抗折强度值？

成绩评定

序号	检测项目	检测内容及要求	配分	任务评价			得分
				学员自评	学员互评	教师评分	
1	职业修养	安全、纪律	10				
2		文明、礼仪、行为习惯	5				
3		工作态度	5				
4	专业能力	团队协作和动手能力	10				
5		掌握试验原理及步骤	15				
6		正确操作万能试验机	15				
7		按照公式进行计算	15				
8		完成相关表格	15				
9		垃圾清倒及教室卫生	10				
综合评价							

知识拓展

水泥混凝土轴心抗压强度试验

1. 概述。

测定棱柱体混凝试件的轴心抗压强度，以提出设计参数和抗压弹性模量试验荷载标准。

2. 仪器设备。

试模为 150 mm×150 mm×300 mm 棱柱体，其他所需设备与抗压强度试验相同。当混凝土强度等级≥C60 时，试件周围应设防崩裂网罩。压力试验机上、下压板承压面的平面度公差为 0.04 mm；否则试验机上、下压板与试件之间应各垫以符合要求的钢垫板。

3. 试验方法。

（1）按规定方法制作 150 mm×150 mm×300 mm 棱柱体试体 3 根，在标准养护条件下，养护至规定龄期。

（2）试件从养护地点取出后应及时进行试验，用干毛巾将试件表面与上下承压板面擦干净。仔细检查后，在其中部量出试件宽度（精确至 1 mm），计算试件受压面积。在准备过程中,要求保持试件湿度无变化。

（3）将试件直立放置在试验机的下压板或钢垫板上,并使试件轴心与下压板中心对准。

（4）开动试验机,当上压板与试件或钢垫板接近时,调整球座,使接触均衡。

（5）以与立方体抗压强度试验相同的加荷速度,连续均匀地加荷,不得有冲击。当试件接近破坏而开始急剧变形时,应停止调整试验机油门,直至破坏。然后记录破坏荷载。

4．试验数据处理。

（1）混凝土轴心抗压强度 f_{cp}（MPa 表示）按式（3.23）计算。

$$f_{cp} = F/A \tag{3.23}$$

式中　F——破坏荷载（N）；

　　　A——试件承压面积（mm^2）。

混凝土轴心抗压强度计算应精确至 0.1 MPa。

（2）以 3 个试件测值的算术平均值作为该组试件的强度值（精确至 0.1 MPa）。3 个测值中的最大值和最小值有一个与中间值的差值超过中间值的 15%,则把最大值及最小值一并舍弃,取中间值作为该组试件的抗压强度值；如最大值和最小值与中间值的差均超过中间值的 15%,则该组试件试验结果无效。

（3）混凝土强度等级<C60 时,用非标准试件测得的强度值均应乘以尺寸换算系数,其值对 200 mm×200 mm×400 mm 试件为 1.05；对 100 mm×100 mm×300 mm 试件为 0.95。当混凝土强度等级≥C60 时,宜采用标准试件；当使用非标准试件时,尺寸换算系数应由试验确定。

5．试验记录。

水泥混凝土轴心抗压强度试验记录见表 3.23。

表 3.23　水泥混凝土轴心抗压强度试验记录表

试件编号	制备日期	试验日期	龄期/d	最大荷载 F/N	试件尺寸/mm		承压截面面积 A/mm^2	抗折强度		换算系数	换算后 f_{cp}/MPa
					宽高	长度		个别值 f_{cpi}/MPa	代表值 f_{cp}/MPa		

试验者＿＿＿＿　　组别＿＿＿＿　　成绩＿＿＿＿　　试验日期＿＿＿＿

任务五　水泥混凝土含气量检测

任务导入

大港煌海油田煌海二区进海路工程所用构件采用 C30 混凝土浇筑而成,因最后构件均须插入海里，因此必然会受到温度过低而带来的冰冻侵害，甚至会受到海冰的侵袭。为防止由于冻融而对构件产生的破坏，施工单位通过控制混凝土的含气量，有效地减小由于冻害对混凝土构件造成的破坏。

任务目标

1. 掌握集料含气量测定方法和混凝土拌和物含气量测定方法。
2. 正确使用含气量测定仪。

相关知识

为改善混凝土的性能以适应不同的需要，或为了节约水泥用量，可在混凝土中加入除胶凝材料、集料和水之外的其他外加材料。混凝土外加剂产品的质量必须符合国家标准 GB 8076—2008《混凝土外加剂》的规定。

外加剂用量虽小，但效果显著，已成为改善混凝土性能、提高混凝土施工质量、节约原材料、缩短施工周期及满足工程各种特殊要求的重要途径。

外加剂有化学外加剂与矿物外加剂两种。

化学外加剂：在混凝土拌制过程中掺入的用以改善混凝土性能，且掺量不超过水泥质量5%（特殊情况除外）的物质，称为化学外加剂，又称混凝土外加剂。

矿物加外剂：以氧化硅、氧化铝和其他有效矿物为主要成分，在混凝土中可以代替部分水泥、改善混凝土综合性能，且掺量一般不小于5%的具有火山灰性或潜在水硬性的粉质材料。

1. 混凝土外加剂的分类。

混凝土外加剂种类繁多，通常每种外加剂具有一种或多种功能，按其主要使用功能，可分为五类：

（1）改善混凝土拌和物流动性能的外加剂：减水剂、引气剂、泵送剂等。

（2）调节混凝土凝结时间、硬化速度的外加剂：缓凝剂、早强剂、速凝剂等。

（3）改善混凝土耐久性的外加剂：防冻剂、引气剂、阻锈剂、减水剂、抗渗剂等。

（4）调节混凝土内部含气量的外加剂：引气剂、加气剂、泡沫剂等。

（5）为混凝土提供特殊性能的外加剂：膨胀剂、防冻剂、着色剂、碱集料反应抑制剂等。

2. 各种混凝土外加剂的定义。

（1）普通减水剂：在混凝土坍落度基本相同的条件下，能减少拌和用水量的外加剂。

（2）高效减水剂：在混凝土坍落度基本相同的条件下，能大幅度减少拌和用水量的外加剂。

（3）引气剂：能使混凝土在搅拌过程中引入大量均匀分布、稳定而封闭的微小气泡的外加剂。

（4）引气减水剂：兼有引气作用的减水剂。

（5）早强剂：能加速混凝土早期强度发展的外加剂。

（6）早强减水剂：兼有早强作用的减水剂。

（7）缓凝剂：能延长混凝土拌和物凝结硬化时间的外加剂。

（8）缓凝减水剂：兼有缓凝作用的减水剂。
（9）速凝剂：能使混凝土迅速凝结硬化的外加剂。
（10）膨胀剂：能使混凝土产生一定体积膨胀的外加剂。
（11）防冻剂：能使混凝土在负温下硬化，并在规定时间内达到足够防冻强度的外加剂。
各种混凝土外加剂的主要功能、品种及适用范围见表3.24。

表3.24 混凝土外加剂主要功能、品种及适用范围表

外加剂类型	主要功能	品种	适用范围
普通减水剂	1. 在混凝土和易性及强度不变的条件下，可节约水泥用量 2. 在和易性及水泥用量不变条件下，可减少用水量，提高混凝土强度 3. 在用水量及水泥用量不变条件下，可增大混凝土流动性	1. 木质素磺酸盐类（木钙、木钠） 2. 腐殖酸盐类	1. 用于日最低气温5℃以上的混凝土施工 2. 大模板施工、滑模施工、大体积混凝土、泵送混凝土以及流动性混凝土 3. 各种预制及现浇混凝土、钢筋混凝土及预应力混凝土
高效减水剂	1. 在保证混凝土和易性及水泥用量不变的条件下，可大幅减少用水量，提高混凝土强度 2. 在保持混凝土用水量及水泥用量不变的条件下，可增大混凝土拌和物流动性	1. 多环芳香族磺酸盐类（萘系磺化物与甲醛缩合的盐类） 2. 水溶性树脂磺酸盐类（磺化三聚氰胺树脂等） 3. 脂肪族类	1. 用于日最低气温0℃以上混凝土的施工 2. 用于钢筋密集、截面复杂、空间窄小混凝土不易振捣的部位 3. 制备早强、高强混凝土以及大流动性混凝土 4. 普通减水剂适用的范围高效减水剂
引气剂及引气减水剂	1. 提高混凝土拌和物和易性，减少混凝土泌水离析 2. 提高混凝土耐久性和抗渗性	1. 松香类（松香热聚物、松香皂） 2. 烷基和烷基芳烃磺酸盐类 3. 脂肪醇磺酸盐类 4. 皂甙类	1. 有抗冻要求的混凝土 2. 轻集料混凝土、泵送混凝土 3. 泌水严重的混凝土及抗渗混凝土 4. 高性能混凝土及有饰面要求的混凝土
早强剂及早强减水剂	1. 提高混凝土的早期强度 2. 缩短混凝土的热蒸养时间 3. 早强减水剂还有减水剂功能	1. 氯盐类（氯化钙） 2. 硫酸盐类 3. 有机胺类（三乙醇胺、三异丙醇胺）	1. 用于蒸养混凝土、早强混凝土 2. 用于日最低温度-5℃以上时，自然气温正负交替的严寒地区的混凝土施工
缓凝剂及缓凝减水剂	1. 延缓混凝土的凝结时间 2. 降低水泥初期水化热 3. 缓凝减水剂还有减水剂的功能	1. 糖类（糖蜜） 2. 木质素磺酸盐类 3. 其他（酒石酸、柠檬酸、磷酸盐、硼砂）	1. 大体积混凝土 2. 夏季和炎热地区的混凝土施工 3. 用于日最低气温5℃以上混凝土施工 4. 泵送混凝土、预拌混凝土及滑模施工
速凝剂	1. 加快混凝土的凝结硬化 2. 提高混凝土的早期强度	1. 铝氧熟料加碳酸盐类 2. 铝酸盐类 3. 水玻璃类	1. 喷射混凝土、灌浆止水混凝土及抢修补强混凝土 2. 铁路隧道、隧道涵洞、地下工程等需要速凝的混凝土
膨胀剂	1. 使混凝土在硬化过程中产生一定膨胀 2. 减少混凝土干缩裂缝 3. 提高抗裂性和抗渗性	1. 硫铝酸盐类 2. 石灰类 3. 铁粉类 4. 复合类	1. 补偿收缩混凝土 2. 填充用膨胀混凝土 3. 自应力混凝土 4. 结构自防水混凝土
防冻剂	混凝土在负温条件下的拌和物中仍有液相自由水，以保证水泥水化，使混凝土达到预期强度	1. 强电解质无机盐类 2. 水溶性有机化合物类 3. 有机化合物与无机盐复合类 4. 复合型	日气温0℃以下的混凝土施工

3. 各种混凝土工程对外加剂的选择。

混凝土外加剂品种繁多,功能效果各异,选择外加剂时,应根据工程需要、现场的材料和施工条件,并参考外加剂产品说明书及有关资料进行全面考虑,如有条件应进行试验检验。各种混凝土工程对外加剂的选用见表3.25。

表3.25 各种混凝土工程对外加剂的选用表

工程项目	选用目的	选用剂型
自然养护的混凝土工程	1. 改善工作性能,提高构件质量 2. 提高早期强度 3. 节约水泥	1. 普通减水剂 2. 早强减水剂 3. 高效减水剂 4. 引气减水剂
夏季施工	延长混凝土的凝结硬化时间	1. 缓凝剂 2. 缓凝减水剂
冬季施工	1. 加快施工进度 2. 防寒抗冻	1. 早强剂 2. 早强减水剂 3. 防冻剂
商品混凝土	1. 节约水泥 2. 保证混凝土运输后的和易性	1. 普通减水剂 2. 夏季及长距离运输时,采用缓凝减水剂
高强混凝土	1. 减少单位体积混凝土用水量,提高混凝土的强度 2. 减少单位体积混凝土的水泥用量、混凝土的徐变和收缩	高效减水剂(如13-萘磺酸甲醛缩合物、三聚氰胺甲醛树脂磺酸盐等)
早强混凝土	1. 提高混凝土早期强度,在标准养护条件下3 d强度达28 d的70%,7 d强度达混凝土的设计强度等级 2. 加快施工速度,加速模板及台座的周转,提高构件及制品产量 3. 取消或缩短蒸汽养护时间	1. 气温25 ℃以上的夏、秋季节采用非引气型(或低引气型)高效减水剂 2. 气温为-3～20 ℃的春、冬季节,采用早强减水剂或减水剂与早强剂(如硫酸钠)同时使用
大体积混凝土	1. 降低水泥初期水化热 2. 延缓混凝土凝结硬化 3. 减少水泥用量 4. 避免干缩裂缝	1. 缓凝剂 2. 缓凝减水剂 3. 引气剂 4. 膨胀剂(大型设备基础)
工程项目	选用目的	适用剂型
流态混凝土	1. 提高混凝土拌和物流动性 2. 使混凝土泌水离析小 3. 减小水泥用量和混凝土干缩量,提高耐久性	硫化剂(如三聚氰胺甲醛树脂磺酸盐类、改性木质素磺酸盐类、萘磺酸甲醛缩合物)
耐冻融混凝土	1. 引入适量的微小气泡,缓冲冰胀应力 2. 减小混凝土水灰比,提高耐久性	1. 引气剂 2. 引气减水剂
防水混凝土	1. 减少混凝土内部孔隙 2. 堵塞渗水通路,提高抗渗性 3. 改变孔隙的形状和大小	1. 防水剂 2. 膨胀剂 3. 减水剂及引气减水剂
泵送混凝土	减少坍落度损失,使混凝土具有良好的黏聚性	1. 缓凝减水剂 2. 泵送剂
蒸养混凝土	缩短蒸养时间或降低蒸养温度	1. 早强减水剂 2. 非引气高效减水剂
灌浆、补强、填缝	1. 在混凝土内产生膨胀应力,以抵消由于干缩而产生的拉应力,从而提高混凝土的抗裂性 2. 提高混凝土抗渗性	膨胀剂(如硫铝酸盐类、氧化钙类、金属类)
滑模工程	1. 夏季缓凝,便于滑升 2. 冬季早强,保证滑升速度	1. 夏季采用普通减水剂 2. 冬季采用高效减水剂或早强减水剂
大模板工程	1. 提高和易性 2. 提高混凝土早期强度,以满足快速拆模和一定的扣板强度	1. 夏季采用普通减水剂或高效减水剂 2. 冬季采用早强减水剂

部分混凝土外加剂内含有氯、硫和其他杂质，对混凝土的耐久性有影响，使用时应加以限制，具体情况如下：

（1）氯盐、含氯盐的早强剂和含氯盐的早强减水剂。

不得使用氯盐、含氯盐的早强剂和含氯盐的早强减水剂的混凝土工程为：

① 在高湿度空气环境中使用的结构（排出大量蒸汽的）。

② 露天结构或经常受水淋的结构。

③ 处于水位升降部位的结构。

④ 预应力混凝土结构、蒸养混凝土构件。

⑤ 薄壁结构。

⑥ 使用过程中经常处于环境温度在 60 ℃ 以上的结构。

⑦ 与含有酸、碱或硫酸盐等侵蚀性介质相接触的结构。

⑧ 有镀锌钢材的结构或铝铁相接触部位的结构。

⑨ 有外露钢筋预埋件而无防护措施的结构。

⑩ 使用冷拉钢筋、冷轧或冷拔钢丝的结构。

（2）硫酸盐及其复合剂。

不得使用硫酸盐及其复合剂的混凝土工程为：

① 有活性集料的混凝土。

② 有镀锌钢材的结构或铝铁相接触部位的结构。

③ 有外露钢筋预埋件而无防护措施的结构。

操作活动

下面具体讲如何测定混凝土含气量：

一、试验范围

本方法适于集料最大粒径不大于 40 mm 的混凝土拌和物含气量测定。

二、试验设备

1. 含气量测定仪：由容器及盖体两部分组成。

容器：应由硬质不易被水泥浆腐蚀的金属制成，内表面粗糙度不应大于 3.2 μm，内径应与深度相等，容积为 7 L。

盖体：应用与容器相同的材料制成。盖体部分应包括气室、水找平室、加水阀、排水阀、操作阀、进气阀、排气阀及压力表。压力表的量程为 0～0.25 MPa，精度为 0.01 MPa。容器及盖体之间应设置密封垫圈，用螺栓连接，连接处不得有空气存留，并保证密闭。

2. 捣棒：符合 JG 3021—1994《混凝土坍落度仪》中有关技术要求的规定。圆钢制成，表面应光滑，其直径为 16 ± 0.1 mm，长度为 600 ± 5 mm，且端部呈半球形。

3. 振动台：应符合 JG/T 3020—1994《混凝土试验室用振动台》中技术要求的规定。

4. 台秤：称量 50 kg，感量 50 g。

5. 橡皮锤：应带有质量约 250 g 的橡皮锤头。

三、试验步骤

1. 集料含气量的测定。

在进行拌和物含气量测定之前，应先按下列步骤测定拌和物所用集料的含气量。

（1）应按式（3.24）、式（3.25）计算每个试样中粗、细集料的质量：

$$m_g = \frac{V}{1\,000} \times m_g' \tag{3.24}$$

$$m_s = \frac{V}{1\,000} \times m_s' \tag{3.25}$$

式中　m_g，m_s——每个试样中的粗、细集料质量（kg）；

　　　m_g'，m_s'——每立方米混凝土拌和物中粗、细集料质量（kg）；

　　　V——含气量测定仪容器容积（L）。

（2）在容器中先注入 1/3 高度的水，然后把通过 40 mm 网筛的质量为 m_g 及 m_s 的粗、细集料称好、拌匀，慢慢倒入容器。水面每升高 25 mm 左右，轻轻插捣 10 次，并略予搅动，以排除夹杂进去的空气，在加料过程中应始终保持水面高出集料的顶面；集料全部加入后，应浸泡约 5 min，再用橡皮锤轻敲容器外壁，排净气泡，除去水面泡沫，加水至满，擦净容器上口边缘；装好密封圈，加盖拧紧螺栓。

（3）关闭操作阀和排气阀，打开排水阀和加水阀，通过加水阀，向容器内注入水；当排水阀流出的水流不含气泡时，在注水的状态下，同时关闭加水阀和排水阀。

（4）开启进气阀，用气泵向气室内注入空气，使气室内的压力略大于 0.1 MPa，待压力表显示值稳定；微开排气阀，调整压力至 0.1 MPa，然后关紧排气阀。

（5）开启操作阀，使气室里的压缩空气进入容器，待压力表显示值稳定后记录示值 P_{g1}，然后开启排气阀，压力仪表示值应回零。

（6）重复以上第（3）条、第（4）条试验，对容器内的试样再检测一次记录表值 P_{g2}。

（7）若 P_{g1} 和 P_{g2} 的相对误差小于 0.2%，则取 P_{g1} 和 P_{g2} 的算术平均值，按压力与含气量关系曲线（含气量测定仪的率定）查得集料的含气量（精确 0.1%）；若不满足，则应进行第三次试验。测得压力值 P_{g3}（MPa）。当 P_{g3} 与 P_{g1}、P_{g2} 中较接近一个值的相对误差不大于 0.2% 时，则取此二值的算术平均值。当仍大于 0.2% 时，则此次试验无效，应重做。

2. 混凝土拌和物含气量试验。

（1）用湿布擦净容器和盖的内表面，装入混凝土拌和物试样。

（2）捣实可采用手工或机械方法。当拌和物坍落度大于 70 mm 时，宜采用手工插捣；当拌和物坍落度不大于 70 mm 时，宜采用机械振捣，如振动台或插入式振捣器等。

用捣棒捣实时，应将混凝土拌和物分 3 层装入，每层捣实后高度约为 1/3 容器高度；每层装料后由边缘向中心均匀地插捣 25 次，捣棒应插透本层高度，再用木槌沿容器外壁重击 10～15 次，使插捣留下的插孔填满。最后一层装料应避免过满。

采用机械捣实时，一次装入捣实后体积为容器容量的混凝土拌和物，装料时可用捣棒稍加插捣，在振实过程中如拌和物低于容器口，应随时添加；振动至混凝土表面平整、表面出浆即止，不得过度振捣。若使用插入式振动器捣实，应避免振动器触及容器内壁和底面。

在施工现场测定混凝土拌和物含气量时，应采用与施工振动频率相同的机械方法捣实。

（3）在捣实完毕后立即用刮尺刮平，表面如有凹陷应予填平抹光。

如需同时测定拌和物表观密度时，则可在此时称量和计算；然后在正对操作阀孔的混凝土拌和物表面贴一小片塑料薄膜，擦净容器上口边缘，装好密封垫圈，加盖并拧紧螺栓。

（4）关闭操作阀和排气阀，打开排水阀和加水阀，通过加水阀，向容器内注入水；当排水阀流出的水流不含气泡时，在注水的状态下，同时关闭加水阀和排水阀。

（5）然后开启进气阀，用气泵注入空气至气室内压力略大于 0.1 MPa，待压力示值仪表示值稳定后，微微开启排气阀，调整压力至 0.1 MPa，关闭排气阀。

（6）开启操作阀，待压力示值仪稳定后，测得压力值 P_{01}（MPa）。

（7）开启排气阀，压力仪示值回零；重复上述（5）~（6）的步骤，对容器内试样再测一次压力值 P_{02}（MPa）。

（8）若 P_{01} 和 P_{02} 的相对误差小于 0.2% 时，则取 P_{01}、P_{02} 的算术平均值，按压力与含气量关系曲线查得含气量 A_0（精确至 0.1%）；若不满足，则应进行第三次试验，测得压力值 P_{03}（MPa）。当 P_{03} 与 P_{01}、P_{02} 中较接近一个值的相对误差不大于 0.2%时，则取此二值的算术平均值查得 A_0；当仍大于 0.2%时，此次试验无效。

四、试验数据处理

混凝土拌和物含气量应按式（3.26）计算：

$$A = A_0 - A_g \tag{3.26}$$

式中　A——混凝土拌和物含气量（%）；
　　　A_0——两次含气量测定的平均值（%）；
　　　A_g——集料含气量（%），计算精确至 0.1%。

五、含气量测定仪容器容积的标定

1. 容器容积的标定。

（1）擦净容器，并将含气量仪全部安装好，测定含气量仪的总质量，测量精确至 50 g。

（2）往容器内注水至上缘，然后将盖体安装好，关闭操作阀和排气阀，打开排水阀和加水阀，通过加水阀，向容器内注入水；当排水阀流出的水流不含气泡时，在注水的状态下，同时关闭加水阀和排水阀，再测定其总质量，测量精确至 50 g。

（3）容器的容积应按式（3.27）计算：

$$V = \frac{m_2 - m_1}{\rho_w} \times 1\,000 \tag{3.27}$$

式中　V——含气量仪的容积（L）；
　　　m_1——干燥含气量仪的总质量（kg）；
　　　m_2——水、含气量仪的总质量（kg）；
　　　ρ_w——容器内水的密度（kg/m³）。

计算应精确至 0.01 L。

2. 含气量测定仪的率定。

（1）按混凝土拌和物含气量试验步骤中第（5）~（8）条的操作步骤测得含气量为 0 时的压力值。

（2）开启排气阀，压力示值器示值回零；关闭操作阀和排气阀，打开排水阀，在排水阀口用量筒接水；用气泵缓缓地向气室内打气，当排出的水恰好是含气量仪体积的 1%时，按上述步骤测得含气量为 1%时的压力值。

（3）如此继续测取含气量分别为 2%、3%、4%、5%、6%、7%、8%时的压力值。

（4）以上试验均应进行 2 次，各次所测压力值均应精确至 0.01 MPa。

（5）对以上的各次试验均应进行检验，其相对误差均应小于 0.2%；否则应重新率定。

（6）据此检验以上含气量 0，1%，…，8% 共 9 次的测量结果，绘制含气量与气体压力之间的关系曲线。（试验记录表见表 3.26）

表 3.26　水泥混凝土拌和物含气量试验记录

结构物名称			结构部位（现场桩号）			
试样描述						
测定次数	压力值/MPa		集料含气量 A_g/%	拌和物测定含气量 A_1/%	拌和物含气量 A/%	备注
	集料 P_g	拌和物 P_0				
①	②	③	④	⑤	⑥	⑦
1						
2						
3						
平均值						
含气量标定		含气量与压力值关系曲线				
含气量/%	平均压力值/MPa					
⑧	⑨					
0						
1						
2						
3						
4						
5						
6						
7						
8						
9						
10						

结论：

试验者＿＿＿＿　　组别＿＿＿＿　　成绩＿＿＿＿　　试验日期＿＿＿＿

思考练习题

1. 常用的混凝土外加剂有哪些？分别起到什么作用？
2. 不同的混凝土工程对外加剂该如何选择？
3. 混凝土含气量测定时压力值的相对误差有何规定？含气量值怎样确定？

成绩评定

序号	检测项目	检测内容及要求	配分	学员自评	学员互评	教师评分	得分
		任 务 评 价					
1	职业修养	安全、纪律	10				
2		文明、礼仪、行为习惯	5				
3		工作态度	5				
4	专业能力	团队协作和动手能力	10				
5		正确称量材料	15				
6		正确使用含气量测定仪	15				
7		按照公式进行计算	15				
8		完成相关表格	15				
9		垃圾清倒及教室卫生	10				
综合评价							

知识拓展

混凝土外加剂掺量的确定：

在使用混凝土外加剂时，应认真确定外加剂的掺量。掺量太小，将达不到所期望的效果；掺量过大，不仅造成材料浪费，还可能影响混凝土质量，造成事故。一般外加剂产品说明书都列出推荐的掺量范围，可参照其选定外加剂掺量。若没有可靠的资料为参考依据时，应尽可能通过试验来确定外加剂掺量。常用外加剂的掺量见表 3.27。应用外加剂时必须符合 GB 50204—2002《混凝土结构工程施工质量验收规范》和 GB 5011—2003《混凝土外加剂应用技术规范》的要求。

表 3.27 常用混凝土外加剂掺量参考表

外加剂类型	主 要 成 分	一般掺量/%
普通减水剂	木质素磺酸盐类	0.2～0.3
	腐殖酸盐类	0.2～0.35
高效减水剂	多环芳香族磺酸盐类	0.5～1.0
	水溶性树脂磺酸盐类	0.5～2.0

续表 3.27

外加剂类型	主 要 成 分	一般掺量/%
引气剂	松香类（松香热聚物、松香皂）	0.005~0.02
引气剂	烷基和烷基芳烃磺酸盐类（烷基磺酸钠）	0.005~0.01
早强剂	氯盐类（氯化钙、氯化钠）	0.5~2.0
早强剂	硫酸盐类（硫酸钠、硫代硫酸钠、硫酸钙）	0.5~2.0
缓凝剂	糖类（糖蜜、葡萄糖、蔗糖及其衍生物）	0.1~0.3
缓凝剂	木质素磺酸盐类	0.1~0.3
缓凝剂	羟基羧酸、氨基羧酸及其盐类（柠檬酸、酒石酸）	0.05~0.2
缓凝剂	磷酸盐、硼酸盐、锌盐	0.1~0.25

注：一般掺量指外加剂掺量占水泥质量的百分率。

任务六　砌筑砂浆的配合比设计

任务导入

某厂车间的砖柱突然破坏倒塌，导致倒塌事故的主要原因是使用的砖和砂浆强度严重不足。其中，砂浆未根据施工现场的材料进行砂浆配合比设计。而是根据以往经验决定了一个砂浆配合比。

任务目标

1. 了解砂浆材料组成和配合比原理。
2. 掌握砂浆配合比计算步骤。

相关知识

砌筑砂浆的组成材料：
砌筑砂浆的组成材料主要有胶凝材料、细集料（砂）、掺合料、水和外加剂。
1. 胶凝材料。
砌筑砂浆中所用胶凝材料主要有水泥和石灰。水泥宜采用通用硅酸盐水泥或砌筑水泥。水泥是配制各类砂浆的主要胶凝材料，水泥强度等级应根据砂浆品种及强度等级的要求进行选择。为合理利用资源，节约原材料，在配制砂浆时应尽量选用中、低强度等级的水泥。M15

及以下强度等级的砌筑砂浆宜选用32.5级的通用硅酸盐水泥或砌筑水泥；M15以上强度等级的砌筑砂浆宜选用42.5级通用硅酸盐水泥。

2. 砂。

为满足砂浆和易性要求，又节约水泥，砌筑砂浆用砂宜选用中砂，毛石砌体宜选用粗砂。因含泥量会影响砂浆的强度、变形性能和耐久性，强度等级为M5的水泥砂浆，砂的含泥量不应超过5%；强度等级为M2.5的水泥混合砂浆，砂的含泥量不应超过10%。

3. 水。

配制砂浆用水应采用不含有害物质的洁净水，应符合国家标准JGJ 63—2006《混凝土用水标准》的规定。

4. 掺合料。

为改善砂浆的和易性和节约水泥，降低生产成本，便于施工，在砂浆中常掺入部分掺合料。常用的掺合料有石灰膏、黏土膏、粉煤灰等。

（1）石灰膏。

采用生石灰熟化成石灰膏时，应用筛孔尺寸不大于3 mm×3 mm的筛网过滤，熟化时间不得少于7 d；磨细生石灰的熟化时间不得小于2 d。沉淀池中储存的石灰膏，应采取防止干燥、冻结和污染的措施。严禁使用脱水硬化的石灰膏。

（2）黏土膏。

采用黏土或亚黏土制备黏土膏时，宜用搅拌机加水搅拌，通过筛孔尺寸不大于3 mm×3 mm的筛网过滤。用比色法鉴定黏土中的有机物含量时应浅于标准色。

（3）电石膏。

制作电石膏的电石渣应用筛孔尺寸不大于3 mm×3 mm的筛网过滤，检验时应加热至70 ℃并保持20 min，没有乙炔气味后，方可使用。

（4）消石灰粉不得直接用于砌筑砂浆中。

（5）石灰膏、黏土膏和电石膏试配时的稠度，应为120±5 mm。

（6）粉煤灰、粒化高炉矿渣粉、硅灰、天然沸石粉应分别符合国家标准GB/T 1596—2005《用于水泥和混凝土中的粉煤灰》、GB/T 18046—2008《用于水泥和混凝土中的粒化高炉矿渣粉》、GB/T 18736—2002《高强高性能混凝土用矿物掺合料》的规定。

5. 外加剂。

为改善砂浆的和易性、抗裂性、抗渗性等，提高砂浆的耐久性，可在砂浆中掺入外加剂。砌筑砂浆中掺入的外加剂，应具有法定检测机构出具的该产品砌体强度形式检验报告，并经砂浆性能试验合格后，方可使用。

操作活动

下面具体讲砌筑砂浆的配合比：

为了做到经济合理，确保砌筑砂浆的质量，在JGJ/T 98—2010《砌筑砂浆配合比设计规程》中，对砌筑砂浆的材料要求和配合比设计作了具体的规定。

一、水泥混合砂浆配合比设计

（1）砂浆试配强度 $f_{m,0}$ 的确定。砂浆的试配强度按式（3.28）计算：

$$f_{m,0} = kf_2 \qquad (3.28)$$

式中　$f_{m,0}$ ——砂浆的试配强度（MPa），应精确至 0.1 MPa；
　　　f_2 ——砂浆强度等级值（MPa），应精确至 0.1 MPa；
　　　k ——系数，按表 3.28 取值。

砌筑砂浆现场强度标准差的确定应符合下列规定：
① 当有统计资料时，应按式（3.29）计算：

$$\sigma = \sqrt{\dfrac{\sum_{i=1}^{n} f_{m,i}^2 - n\mu_{fm}^2}{n-1}} \qquad (3.29)$$

式中　$f_{m,i}$ ——统计周期内同一品种砂浆第 i 组试件的强度（MPa）；
　　　μ_{fm} ——统计周期内同一品种砂浆 n 组试件强度的平均值（MPa）；
　　　n ——统计周期内同一品种砂浆试件的总组数，$n \geq 25$。

② 当不具有近期统计资料时，砂浆现场强度标准差可按表 3.28 取用。

表 3.28　砂浆强度标准差 σ 及 k 值的选用

施工水平 \ 强度等级	强度标准差 σ/MPa							k
	M5	M7.5	M10	M15	M20	M25	M30	
优良	1.00	1.50	2.00	3.00	4.00	5.00	6.00	1.15
一般	1.25	1.88	2.50	3.75	5.00	6.25	7.50	1.20
较差	1.50	2.25	3.00	4.50	6.00	7.50	9.00	1.25

（2）水泥用量 Q_c 的计算。1 m³ 砂浆中的水泥用量可按式（3.30）计算：

$$Q_c = \dfrac{1\,000(f_{m,0} - \beta)}{\alpha \cdot f_{ce}} \qquad (3.30)$$

式中　Q_c ——1 m³ 砂浆的水泥用量，应精确至 1 kg；
　　　$f_{m,0}$ ——砂浆的试配强度（MPa）；
　　　f_{ce} ——水泥的实测强度（MPa），应精确至 0.1 MPa；
　　　α, β ——砂浆的特征系数，其中 $\alpha = 3.03$，$\beta = -15.09$。各地区也可用本地区试验资料确定 α、β 值，统计用的试验组数不得少于 30 组。

在无法取得水泥的实测强度值时，可按式（3.31）计算水泥实测强度值：

$$f_{ce} = \gamma_c \cdot f_{ce,k} \qquad (3.31)$$

式中　f_{ce} ——水泥实测强度值，MPa；

$f_{ce,k}$ ——水泥强度等级值，MPa；

γ_c ——水泥强度等级值的富余系数，该值应按实际统计资料确定，无统计资料时可取 1.0。

（3）石灰膏用量应按式（3.32）计算：

$$Q_D = Q_A - Q_c \quad (3.32)$$

式中　Q_D ——每立方米砂浆的石灰膏用量（kg），应精确至 1 kg；石灰膏使用时的稠度宜为 120±5 mm；

Q_c ——1 m³ 砂浆的水泥用量（kg）；应精确至 1 kg；

Q_A ——1 m³ 砂浆中水泥和石灰膏总量（kg），应精确至 1 kg，可为 350 kg/m³。

（4）砂用量 Q_S 的确定。1 m³ 砂浆中砂的用量，应按干燥状态（含水率小于 0.5%）下砂的堆积密度值作为计算值。

（5）用水量 Q_W 的确定。1 m³ 砂浆中的用水量，可根据试拌达到砂浆所要求的稠度来确定。由于用水量的多少对其强度影响不大，因此，一般可根据经验以满足施工所需稠度即可，可选用 210～310 kg。在选用时应注意：

① 混合砂浆中的用水量，不包括石灰膏中的水。
② 当采用细砂或粗砂时，用水量分别取上限或下限。
③ 稠度小于 70 mm 时，用水量可小于下限。
④ 施工现场处于气候炎热或干燥季节时，可酌量增加用水量。

二、水泥砂浆配合比设计

水泥砂浆各材料用量，可按表 3.29 选用。

表 3.29　1 m³ 水泥砂浆材料用量

强度等级	1 m³ 砂浆水泥用量	1 m³ 砂浆砂子用量	1 m³ 砂浆用水量
M5	200～230		
M7.5	230～260		
M10	260～290		
M15	290～330	1 m³ 砂的堆积密度值	270～330
M20	340～400		
M25	360～410		
M30	430～480		

注：① M15 及 M15 以下强度等级水泥砂浆，水泥强度等级为 32.5；M15 以上强度等级水泥砂浆，水泥强度等级为 42.5 级；
② 当采用细砂或粗砂时，用水量分别取上限或下限；
③ 稠度小于 70 mm 时，用水量可小于下限；
④ 施工现场处于气候炎热或干燥季节，可酌量增加用水量。

此外，水泥粉煤灰砂浆材料用量按表3.30选用。

表3.30 每立方米水泥粉煤灰砂浆材料用量　　　　　　　　　　kg/m³

强度等级	水泥和粉煤灰总量	粉煤灰	砂	用水量
M5	210~240	粉煤灰掺量可占胶凝材料总量的15%~25%	砂的堆积密度值	270~330
M7.5	240~270			
M10	270~300			
M15	300~330			

注：① 表中水泥强度等级为32.5级；
② 用细砂或粗砂时，用水量分别取上限或下限；
③ 稠度小于70 mm时，用水量可小于下限；
④ 施工现场气候炎热或干燥季节，可酌量增加用水量。

三、配合比试配、调整和确定

（1）按计算或查表所得砂浆配合比进行试拌时，应测定砂浆拌和物的稠度和保水率。试配时稠度取70~80 mm，当不能满足砂浆和易性要求时，应调整各组成材料用量，直到符合要求为止，然后确定为砂浆试配时的砂浆基准配合比。

试配时应采用三个不同的配合比，其中一个为基准配合比，另外两个配合比的水泥用量应在基准配合比基础上分别增加及减少10%。在满足砂浆稠度、保水率合格的条件下，可将用水量、石灰膏、保水增稠材料或粉煤灰等活性掺合料用量作相应调整，测定不同配合比砂浆的表观密度及强度，并选定符合试配强度要求及和易性要求、并且水泥用量最低的配合比作为砂浆试配配合比。

（2）砌筑砂浆试配配合比应按下列步骤进行校正：

① 根据确定的砂浆配合比材料用量，按式（3.33）计算砂浆的理论表观密度值：

$$\rho_t = Q_c + Q_D + Q_s + Q_w \quad (3.33)$$

式中　ρ_t——砂浆的理论表观密度值，应精确至10 kg/m³。

② 应按式（3.34）计算砂浆配合比校正系数δ：

$$\delta = \frac{\rho_c}{\rho_t} \quad (3.34)$$

式中　ρ_c——砂浆的实测表观密度值，应精确至10 kg/m³。

③ 当砂浆的实测表观密度值与理论表观密度值之差的绝对值不超过理论值的2%时，可按以上的试配配合比确定为砂浆设计配合比；当超过2%时，应将试配配合比中每项材料用量均乘以校正系数(δ)后，确定为砂浆设计配合比。

【例3.2】某工程现场配制水泥混合砂浆设计强度等级为M5，施工水平一般，采用如下材料：水泥32.5级，28 d实测强度为36.3 MPa；砂为中砂，干燥状态的堆积密度为1 450 kg/m³；石灰膏稠度为120 mm。试确定该水泥混合砂浆每立方米材料用量。

解　（1）计算砂浆试配强度。

查表3.28知，$k = 1.20$，则

$$f_{m,0} = kf_2 = 1.20 \times 5 = 6.0 \text{ MPa}$$

（2）计算水泥用量。
$\alpha = 3.03$，$\beta = -15.09$，$f_{ce} = 36.3 \text{MPa}$，则

$$Q_c = \frac{1\,000(f_{m,0} - \beta)}{\alpha \cdot f_{ce}} = \frac{1\,000(6+15.09)}{3.03 \times 36.3} = 192 \text{ kg}$$

（3）计算石灰膏用量。因水泥和石灰膏总量为 350 kg/m³，可选 $Q_A = 350$ kg，故

$$Q_D = Q_A - Q_c = 350 - 192 = 158 \text{ kg}$$

（4）确定砂子用量。干燥状态下砂的堆积密度值 $Q_s = 1\,450$ kg。
（5）确定用水量。按 210～310 kg 选用，选 $Q_w = 260$ kg。
（6）砂浆配合比：
水泥：石灰膏：砂 $= Q_c : Q_D : Q_s = 192 : 158 : 1\,450 = 1 : 0.82 : 7.55$
水灰比 $= Q_w : Q_c = 260 : 192 = 1.35$

思考练习题

1. 如何进行砌筑砂浆的配合比设计？
2. 用 42.5 级普通硅酸盐水泥、微湿砂（含水率 2%），拌制沉入度为 3～5 cm 的 M7.5 水泥砂浆，用于砌筑毛石基础，试设计其配合比。已知砂的细度模数为 2.4，堆积密度为 1 510 kg/m³。
3. 用 42.5 级普通硅酸盐水泥、石灰膏、砂，拌制 M7.5 混合砂浆，用于砌筑承重砖墙，试设计其配合比。砂的干堆积密度为 1 520 kg/m³，含水率为 3.5%，石灰膏的稠度为 100 mm，施工单位水平一般。

成绩评定

任 务 评 价						
序号	检测项目	检测内容及要求	配分	学员自评	学员互评	教师评分	得分
1	职业修养	安全、纪律	10				
2		文明、礼仪、行为习惯	5				
3		学习态度	5				
4	专业能力	学习能力	10				
5		掌握砌筑砂浆的组成材料	15				
6		掌握配合比设计原理	15				
7		掌握配合比设计步骤	15				
8		正确使用公式计算	15				
9		独立完成相关练习	10				
综合评价							

知识拓展

抹面砂浆：

抹面砂浆是指涂抹在基底材料的表面，兼有保护基层和增加美观作用的砂浆。它可以抵抗自然环境的各种因素对结构物的侵蚀，提高耐久性，同时又可以使结构物达到平整、美观的效果。常用的抹面砂浆有水泥砂浆、石灰砂浆、水泥石灰混合砂浆、麻刀石灰砂浆（简称麻刀灰）、纸筋石灰砂浆（简称纸筋灰）等。常用抹面砂浆的配合比及其应用范围参见表3.31。

表 3.31 抹面砂浆品种及其配合比

品 种	配合比（体积比）		应 用
水泥砂浆	水泥：砂	1:1 1:2.5 1:3	清水墙勾缝、混凝土地面压光 潮湿的内外墙、地面、楼面水泥砂浆面层 砖和混凝土墙面的水泥砂浆底层
混合砂浆	水泥：石灰膏：砂	1:0.5:4 1:1:6 1:3:9	加气混凝土表面砂浆抹面的底层 加气混凝土表面砂浆抹面的中层 混凝土墙、梁、柱、顶棚的砂浆抹面的底层
石灰砂浆	石灰膏：砂	1:3	干燥砖墙或混凝土墙的内墙石灰砂浆底层和中层
纸筋灰	100 kg 石灰膏加 3.8 kg 纸筋		内墙、吊顶石灰砂浆面层
麻刀灰	100 kg 石灰膏加 1.5 kg 麻刀		板条、苇箔抹灰的底层

为了保证砂浆层与基层黏结牢固，表面平整，防止灰层开裂，施工时应采用分层薄涂的施工方法。通常分底层、中层和面层。底层的作用是使砂浆与基层能牢固地黏结在一起；中层抹灰主要是为了找平，有时也可省略；面层抹灰是为了获得平整光洁的表面效果。

用于砖墙的底层抹灰多为石灰砂浆，当有防水、防潮要求时用水泥砂浆；用于混凝土基层的底层抹灰多为水泥混合砂浆。中层抹灰多采用水泥混合砂浆或石灰砂浆。面层抹灰多用水泥混合砂浆、麻刀灰或纸筋灰。水泥砂浆不得涂抹在石灰砂浆层上。

在容易碰撞或潮湿部位，应采用水泥砂浆，如墙裙、踢脚板、地面、雨篷、窗台以及水池、水井等处。在硅酸盐砌块墙面上做砂浆抹面或粘贴饰面材料时，最好在砂浆层内夹一层事先固定好的钢丝网，以免日后剥落。

任务七 砂浆稠度和分层度检测

任务导入

某工程在二层墙体砌筑时，因砂浆和易性差，造成施工时铺灰和挤浆费劲。在二层墙体砌筑完工后发现墙体黏结不良，不得不拆除重砌。

任务目标

1. 了解砂浆稠度和分层度试验原理。
2. 熟练使用仪器进行实验操作。

相关知识

砂浆的和易性：

新拌砂浆应具有良好的和易性，在运输和施工过程中不分层、泌水，能够在粗糙的砖石表面铺抹成均匀的薄层，并与底面材料黏结牢固。砂浆和易性是指砂浆拌和物便于施工操作，保证质量均匀，并能与所砌基面牢固黏结的综合性质，包括流动性和保水性两个方面。

（1）流动性（稠度）。

砂浆的流动性是指砂浆在自重或外力作用下产生流动的性能，用沉入度表示。

沉入度是以砂浆稠度测定仪的圆锥体沉入砂浆内深度表示。沉入度越大，说明砂浆的流动性越大。若流动性过大，砂浆较稀，施工时易分层、泌水；若流动性过小，砂浆较稠，不便施工操作，灰缝不易填充，所以新拌砂浆应具有适宜的稠度。砂浆流动性的选择与砌体材料的种类、施工方法及施工环境有关。不同砌体用砂浆稠度按表3.32取值。

表 3.32 砌筑砂浆的施工稠度

砌 体 种 类	砂浆稠度/mm
烧结普通砖砌体、粉煤灰砖砌体	70~90
混凝土砖砌体、普通混凝土小型空心砌块砌体、灰砂砖砌体	50~70
烧结多孔砖砌体、烧结空心砖砌体、轻集料混凝土小型空心砌块砌体、蒸压加气混凝土砌块砌体	60~80
石砌体	30~50

（2）保水性。

砂浆的保水性是指砂浆拌和物保持水分的能力。保水性好的砂浆，在存放、运输和使用过程中，能够很好地保持水分不致很快流失，各组分不易分离，在砌筑过程中容易铺成均匀密实的砂浆层，能使胶结材料正常水化，从而保证工程质量。砂浆的保水性用分层度表示。

分层度是在砂浆拌和物测定其稠度后，再装入分层度测定仪中，静置30 min后，移去上筒部分砂浆，用下筒砂浆再测其稠度，两次稠度之差值即分层度，以mm表示。

砂浆保水性大小与砂浆材料组成有关。胶凝材料数量不足时，砂浆保水性差；砂粒过粗，砂浆保水性随之降低。

砌筑砂浆的分层度不得大于10 mm。分层度过大（如大于10 mm），砂浆容易泌水、分层或水分流失过快，不利于施工和水泥硬化；如果分层度过小，砂浆过于干稠而不易操作，易出现干缩开裂。

操作活动

下面分别讲砂浆稠度试验和砂浆的分层度试验。

砂浆稠度试验

一、试验目的

本方法适用于确定配合比或施工过程中控制砂浆的稠度,以达到控制用水量的目的。

二、仪器设备

(1)砂浆稠度仪,由试锥、锥形容器和支座三部分组成(见图3.8)。试锥由钢材或铜材制成,试锥高度为 145 mm,锥底直径为 75 mm,试锥连同滑杆的质量应为 300 ± 2 g;盛砂浆的锥形容器由钢板制成,筒高 180 mm,锥底内径 150 mm;支座分底座、支架及刻度显示三个部分,由铸铁、钢及其他金属制成。

(2)钢制捣棒:直径 10 mm,长 350 mm,端部磨圆。

(3)秒表。

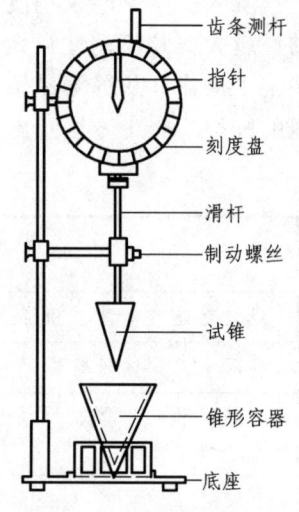

图 3.8 砂浆稠度测定仪

三、试验步骤

(1)用湿布将锥形容器内壁和试锥表面擦干净,并用少量润滑油轻擦滑杆,将滑杆上多余的油用吸油纸擦净,使滑杆能自由滑动。

(2)将拌好的砂浆一次装入容器,砂浆表面宜低于锥形容器口约 10 mm,用捣棒自容器中心向边缘均匀地插捣 25 次,然后轻轻地将容器摇动或敲击 5~6 下,使砂浆表面平整,随后将容器置于砂浆稠度测定仪的底座上。

(3)拧松制动螺丝,向下移动滑杆,当试锥尖端与砂浆表面刚接触时,拧紧制动螺丝,使齿条测杆下端与滑杆的上端接触,读出刻度盘上的读数(精确至 1 mm)。

(4)拧松制动螺丝(同时计时间),10 s 时立即固定螺丝,将齿条测杆下端接触滑杆上端,从刻度盘上读出下沉深度(精确至 1 mm)。

(5)锥形容器内的砂浆,只允许测定一次稠度,重复测定时,应重新取样。

四、试验数据处理

1. 取两次试验结果的算术平均值作为砂浆的稠度值,精确至 1 mm。
2. 如两次试验结果之差大于 10 mm,则重新取样测定。

试验记录见表 3.33。

表 3.33　砂浆稠度试验记录

试验次数	试锥下沉深度/mm	稠度/mm	备　注

试验者_____　　组别_____　　成绩_____　　试验日期_____

砂浆的分层度试验

一、试验目的

本方法适用于测定砂浆拌和物的分层度，以确定砂浆拌和物在运输及停放时内部组分的稳定性。

二、仪器设备

（1）砂浆分层度仪（见图 3.9）：圆形筒，内径 150 mm，上节高度 200 mm（无底），下节带底，净高度为 100 mm，用金属板制成。上、下两层连接处需加宽到 3～5 mm，并设有橡胶垫圈。

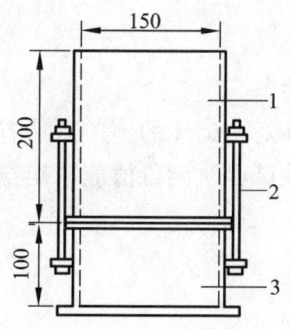

图 3.9　砂浆分层度测仪

1—无底圆筒；2—连接螺栓；3—有底圆筒

（2）水泥胶砂振动台：振幅 0.5±0.05 mm，频率 50±3 Hz。
（3）砂浆稠度仪。
（4）搅拌锅、木槌、抹刀等。

三、试验步骤

（1）按砂浆稠度试验方法测定砂浆的稠度值 K_1。
（2）将砂浆拌和物一次装入分层度仪内，待装满后，用木槌在容器周围距离大致相等的四个不同地方轻轻敲击 1～2 下，若砂浆沉落到低于筒口的位置，则应随时添加，然后刮去多余的砂浆并用抹刀抹平。
（3）静置 30 min 后，去掉上部 200 mm 厚的砂浆，将剩余的砂浆倒出放在拌和锅中拌 2 min，然后，再测其稠度值 K_2。

（4）计算两次测定的稠度值之差（$K_1 - K_2$），即为砂浆的分层度值（精确至 1 mm）。

（5）取两次试验结果的算术平均值作为该砂浆的分层度值。如两次的试验结果之差大于 10 mm，应重新试验。

四、试验数据处理

（1）取两次试验结果的算术平均值作为该砂浆的分层度值。

（2）两次分层度试验值之差如大于 10 mm，应重新取样测定。

试验记录见表 3.34。

表 3.34　砂浆的分层度试验记录

试验次数	稠度值 K_1/mm	稠度值 K_2/mm	分层度值($K_1 - K_2$)/mm

试验者_____　组别_____　成绩_____　试验日期_____

思考练习题

1. 建筑砂浆是如何分类的？
2. 砌筑砂浆的技术性质有哪些？
3. 砌筑砂浆的流动性和保水性对砖砌体的施工质量有何影响？
4. 砌筑砂浆的流动性和保水性试验时测量值应精确至多少？什么情况下应重做？

成绩评定

任　务　评　价							
序号	检测项目	检测内容及要求	配分	学员自评	学员互评	教师评分	得分
1	职业修养	安全、纪律	10				
2		文明、礼仪、行为习惯	5				
3		学习态度	5				
4	专业能力	学习能力	10				
5		掌握砂浆和易性	15				
6		正确使用砂浆稠度测定仪	15				
7		正确使用砂浆分层度仪	15				
8		表格记录完整	15				
9		垃圾清倒及教室卫生	10				
综合评价							

知识拓展

砂浆拌和物的拌制 ——JGJ T70—2009《建筑砂浆基本性能试验方法标准》

一、试样制备

1. 在试验室制备砂浆拌和物时，试验用材料应提前 24 h 运入室内。拌和时试验室的温度应保持在 20 ± 5 ℃。

注：需要模拟施工条件下所用的砂浆时，所用原材料的温度宜与施工现场保持一致。

2. 试验用水泥和其他材料应与现场使用材料一致。砂应通过 5 mm 筛。试验室拌制砂浆时，材料用量应以质量计。称量精度：水泥、外加剂、掺合料等为 ± 0.5%；砂为 ± 1%。

二、拌和方法

在试验室搅拌砂浆时应采用机械搅拌，搅拌机应符合 JG/T 3033—1996《试验用砂浆搅拌机》的规定，搅拌的用量宜为搅拌机容量的 30% ~ 70%，搅拌时间不应少于 120 s。掺有掺合料和外加剂的砂浆，其搅拌时间不应少于 180 s。

将称好的水泥、砂及其他材料装入砂浆搅拌机，开动搅拌机干拌均匀后，再逐渐加入水，观察砂浆的和易性符合要求时，停止加水。搅拌时间不宜少于 2 min。

任务八　砂浆的抗压强度检测

任务导入

某工程在砌筑挡土墙时，砂浆强度较低，砌筑完工后，在回填土时，墙体垮塌，造成重大的经济和人员损失。

任务目标

1. 掌握砌筑砂浆强度概念及影响砂浆强度大小的因素。
2. 正确制作立方体试件。
3. 试件养护及使用压力试验机。

相关知识

1. 强度。

砂浆在砌体中主要起黏结和传递荷载的作用，因此应具有一定的强度。砂浆的强度等级是以边长为 70.7 mm 的立方体试件，在标准养护条件下，用标准试验方法测得 28 d 龄期的抗压强度值为依据而确定的。水泥砂浆及预拌砌筑砂浆的强度等级分 M5、M 7.5、M 10、M15、M20、M25、M30，水泥混合砂浆的强度等级可分为 M5、M7.5、M10、M15。

影响砂浆强度大小的因素很多，如砂浆的材料组成、配合比、施工工艺、拌和时间、砌体材料的吸水率、养护条件等，对砂浆强度大小都有一定程度的影响。

2. 砂浆的黏结力。

由于砖石等砌体是靠砂浆黏结成为坚固的整体，而黏结力的大小将直接影响整个砌体的强度、耐久性和抗震能力，因此，砌筑砂浆必须具有足够的黏结力。一般来说，砂浆的黏结力随其抗压强度的增大而提高。同时，也与砌体材料的表面状态、清洁程度、润湿状况和施工养护条件有关。

3. 砂浆的变形。

砂浆在承受荷载、温度变化或湿度变化时，均会产生变形。如果变形过大或不均匀，则会降低砌体的质量，引起沉陷或开裂。

4. 抗冻性。

严寒地区的砌体结构对砂浆抗冻性有一定的要求。具有抗冻要求的砌筑砂浆，经一定次数冻融试验后，其质量损失不得大于 5%，抗压强度损失不得大于 25%。

5. 表观密度。

水泥砂浆拌和物的表观密度不宜小于 1 900 kg/m³；水泥混合砂浆拌和物的表观密度不宜小于 1 800 kg/m³；预拌砌筑砂浆拌和物的表观密度不宜小于 1 800 kg/m³。

6. 水泥用量。

水泥砂浆中水泥用量不应小于 200 kg/m³；水泥混合砂浆中水泥与石灰膏、电石膏总量不应小于 350 kg/m³；预拌砌筑砂浆中的水泥和替代水泥的粉煤灰等活性矿物掺合料不应小于 200 kg/m³。

操作活动

砂浆抗压强度的测定：

一、试验目的

本方法适用于测定砂浆立方体的抗压强度。

二、仪器设备

（1）压力试验机：精度为 1%，试件破坏荷载应不小于压力机量程的 20%，且不大于全量程的 80%。

（2）试模：尺寸为 70.7 mm × 70.7 mm × 70.7 mm 的带底试模，由铸铁或钢制成，应具有足够的刚度并拆装方便。试模的内表面应机械加工，其不平度应为每 100 mm 不超过 0.05 mm，组装后各相邻面的不垂直度不应超过 ± 0.5°。

（3）捣棒：直径 10 mm、长 350 mm 的钢棒，端部应磨圆。

（4）垫板：试验机上、下压板及试件之间可垫以钢垫板，垫板的尺寸应大于试件的承压面，其不平度应为每 100 mm 不超过 0.02 mm。

（5）振动台：空载中台面的垂直振幅应为 0.5 ± 0.05 mm，空载频率应为 50 ± 3 Hz，空载台面振幅均匀度不大于 10%，一次试验至少能固定（或用磁力吸盘）3 个试模。

三、试验步骤

1. 采用立方体试件，每组试件 3 个。应用黄油等密封材料涂抹试模的外接缝，试模内涂刷薄层机油或脱模剂，将拌制好的砂浆一次性装满砂浆试模，成型方法根据稠度而定。当稠度≥50 mm 时采用人工插捣成型，当稠度 < 50 mm 时采用振动台振实成型。

（1）人工振捣：用捣棒均匀地由边缘向中心按螺旋方式插捣 25 次，插捣过程中如砂浆沉落低于试模口，应随时添加砂浆，可用油灰刀插捣数次，并用手将试模一边抬高 5 ~ 10 mm 各振动 5 次，使砂浆高出试模顶面 6 ~ 8 mm。

（2）机械振动：将砂浆一次装满试模，放置到振动台上，振动时试模不得跳动，振动 5 ~ 10 s 或持续到表面出浆为止；不得过振。

2. 待表面水分稍干后，将高出试模部分的砂浆沿试模顶面刮去并抹平。

3. 试件制作后应在室温为 20 ± 5 ℃ 的环境下静置 24 ± 2 h，当气温较低时，可适当延长时间，但不应超过两昼夜，然后对试件进行编号、拆模。试件拆模后应立即放入温度为 20 ± 2 ℃，相对湿度为 90% 以上的标准养护室中养护。养护期间，试件彼此间隔不小于 10 mm，混合砂浆试件上面应覆盖，以防有水滴在试件上。

4. 从搅拌加水开始计时，标准养护龄期应为 28 d。

5. 试件从养护地点取出后应及时进行试验。试验前先将试件表面擦拭干净，检查外观并测量尺寸（精确至 1 mm），以此计算试件的承压面积。如实测尺寸与公称尺寸之差不超过 1 mm，可按公称尺寸进行计算。

6. 将试件安放在试验机的下压板（或下垫板）上，试件的承压面应与成型时的顶面垂直，试件中心应与试验机下压板（或下垫板）中心对准。开动试验机，当上压板与试件（或上垫板）接近时，调整球座，使接触面均衡受压。承压试验应连续而均匀地加荷，加荷速度应为每秒钟 0.25 ~ 1.5 kN（砂浆强度不大于 5 MPa 时，宜取下限；砂浆强度大于 5 MPa 时，宜取上限）。当试件接近破坏而开始迅速变形时，停止调整试验机油门，直至试件破坏，然后记录破坏荷载。

四、试验数据处理

砂浆抗压强度按式（3.34）计算（精确至 0.1 MPa）：

$$f_{m,cu} = \frac{N_u}{A} \tag{3.34}$$

式中 $f_{m,cu}$ ——砂浆立方体试件抗压强度（MPa）；

N_u ——试件破坏荷载（N）；

A ——试件承压面积（mm^2）。

砂浆立方体试件抗压强度应精确至 0.1 MPa。

（1）以三个试件测值的算术平均值的 1.3 倍（f_2）作为该组试件的砂浆立方体试件抗压强度平均值（精确至 0.1 MPa）。

（2）当三个测值的最大值或最小值中如有一个与中间值的差值超过中间值的 15%时，则把最大值及最小值一并舍除，取中间值作为该组试件的抗压强度值；如有两个测值与中间值的差值均超过中间值的 15%时，则该组试件的试验结果无效。

试验记录见表 3.35。

表 3.35 砂浆抗压强度试验记录

试样编号				试样来源					
试样名称				试验用途					
试验编号	拌制日期	试验日期	龄期/d	最大荷载 N_u/N	试件尺寸 /mm	受压面积 /mm²	抗压强度 /MPa		
								单值	代表值
①	②	③	④	⑤	⑥	⑦		⑧	⑨

试验者_____ 组别_____ 成绩_____ 试验日期_____

思考练习题

1. 砂浆的强度等级是如何确定的？有哪些强度等级？
2. 怎样选取砂浆强度试验时的加荷速度？
3. 怎样确定一组砂浆试件的抗压强度值？

成绩评定

任 务 评 价							
序号	检测项目	检测内容及要求	配分	学员自评	学员互评	教师评分	得分
1	职业修养	安全、纪律	10				
2		文明、礼仪、行为习惯	5				
3		学习态度	5				
4	专业能力	掌握砂浆强度等级	10				
5		熟悉影响砂浆强度的因素	15				
6		正确制作立方体试件	15				
7		正确使用压力试验机	15				
8		表格记录完整	15				
9		垃圾清倒及教室卫生	10				
综合评价							

知识拓展

抹面砂浆：

抹面砂浆是指涂抹在基底材料的表面，兼有保护基层和增加美观作用的砂浆。它可以抵抗自然环境的各种因素对结构物的侵蚀，提高耐久性，同时又可以使结构物达到平整、美观的效果。常用的抹面砂浆有水泥砂浆、石灰砂浆、水泥石灰混合砂浆、麻刀石灰砂浆（简称麻刀灰）、纸筋石灰砂浆（简称纸筋灰）等。

项目四 土工检测

任务一 土的含水率检测（烘干法）

任务导入

某工程施工单位在一引桥桥墩施工过程中发现地表下土是含有有机物的腐化染色生成的黏质土，当地四季雨水充沛，在进行基础施工时土的含水率的大小对其影响十分重要。

任务目标

1. 掌握土的含水率试验检测方法。
2. 了解工程对土的含水率性能的要求。
3. 熟悉土的含水率试验检测操作过程。

相关知识

什么是土的含水率？怎么表示？

土的含水率是土在 105~110 ℃下烘至恒量时所失去的水分质量和达恒量后干土质量的比值，以百分数表示。

参照标准为中华人民共和国交通部发布的行业标准 JTG E40—2007《公路土工试验规程》。

土是一种天然的地质材料，且广泛分布于地壳表面，随其形成过程和自然环境的不同，其成分、结构和性质千变万化，工程性质也千差万别。因此，在进行工程建设时，必须结合土的实际性质进行设计和施工，否则，会影响工程的经济合理性与安全性。

含水率是土的基本物理指标之一，它反映土的状态，他的变化将使土的一系列力学性质随之而异，它又是计算土的干密度、孔隙比、饱和度等各项指标的依据，是检测土工构筑物施工质量的重要指标。鉴于目前国内各行业和国家标准将含水率改名为含水率，因此，本标准也改为含水率。含水率试验的烘干法精度高，应用广泛。

烘干法一般采用能控制恒温的电热烘箱。

鉴于目前国内外主要土工试验标准多数以 105~110 ℃为标准，故规定烘干温度为 105~110 ℃。

试验烘至恒温所需的时间与土类及取土数量有关。本试验规定土量为 15~30 g，对砂类土宜烘 6~8 h，黏质土宜烘 8~10 h。砂类土、砾类土因持水性差，颗粒大小相差悬殊，水分变化大，所以试样应多取一些，本规程规定取 50 g。对有机质含量超过 5%的土，因土质不均匀，采用烘干法时，除注明有机质含量外，亦应取 50 g。

什么是有机质土呢？有机质土指的是土中有机质含量多于或等于总质量的 5%且少于总质量的 10%的土。另外，黄土指的主要由粉粒组成，呈棕黄或黄褐色，具有大孔隙和垂直节理特征的土。受水湿后产生湿陷的黄土，称为湿陷性黄土。膨胀土是指富含亲水性矿物并具有明显的吸水膨胀与失水收缩特性的高塑性黏土。冻土是指具有负温或零温度，并含有冰晶的土(石)。红土指石灰岩或其他岩浆岩风化后形成的富含铁铝氧化物的褐红色粉土或黏土。盐渍土是指不同程度盐渍化土的总称。在公路工程中，一般是指地表下 1.0 m 内土中易溶盐含量平均大于 0.3%的土。

有机质土在 105~110 ℃ 温度下经长时间烘干后，有机质特别是腐殖酸会在烘干过程中逐渐分解而不断损失，使测得的含水率比实际的含水率大，土中有机质含量越高，误差越大。故本规程对有机质含量超过 5%的土，应在 60~70 ℃ 的恒温下进行烘干。

某些含有石膏的土在烘干时会损失其结晶水，用此方法测定其含水率有影响。每 1%的石膏对含水率的影响约为 0.2%。如果土中有石膏，则试样应该在不超过 80 ℃ 的温度下烘干，并可能要烘更长的时间。

操作活动

下面具体讲如何进行土的含水率检测。

一、试验目的

本试验的目的是测定黏质土、粉质土、砂类土、沙砾土、有机质土和冻土土类的含水率。

二、仪器设备

（1）烘箱：可采用电热烘箱或温度能保持 105~110 ℃ 的其他能源烘箱。
（2）天平：称量 200 g，感量 0.01 g。
（3）其他：干燥器，称量盒[为简化计算手续，可将盒质量定期（3~6 个月）调整为恒质量值]等。

电烘箱

天平

干燥器

三、试验步骤

（1）取代表性试样，细粒土 15~30 g，砂类土、有机土 50 g，砂砾石为 1~2 kg 放入称量盒内，立即盖好盒盖，称取湿土质量，准确至 0.01 g。

（2）揭开盒盖，将试样和盒放入烘箱内，在温度 105~110 ℃ 恒温下烘干，烘干时间对细粒土不得少于 8 h，对砂类土不得少于 6 h，对含有机质超过 5%的土，应将温度控制在 65~70 ℃ 的恒温下烘干，干燥 12~15 h 为好。

（3）将烘干后的试样和盒取出，放入干燥器内冷却（一般只需 0.5~1 h）。冷却后盖好盒盖，称质量，准确至 0.01 g。

四、试验数据处理

（1）按式（4.1）计算含水率。

$$w = \frac{m - m_s}{m_s} \times 100 \tag{4.1}$$

式中　w——含水率（%）；

　　　m——湿土质量（g）；

　　　m_s——干土质量（g）；计算至 0.1%。

（2）精密度和允许差。

本试验须进行二次平行测定，取其算术平均值，允许平行差值应符合如表 4.1 规定。

表 4.1　含水率测定的允许平行差值

含水率/%	允许平行差值/%
5 以下	0.3
40 以下	≤1
40 以上	≤2

（3）试验记录见表 4.2。

表 4.2　含水率试验记录（烘干法）

盒　号	单位	含水率/%	1	2	3	4
盒质量	g	（1）				
盒+湿土质量	g	（2）				
盒+干土质量	g	（3）				
水分质量	g	（4）=（2）-（3）				
干土质量	g	（5）=（3）-（1）				
含水率	%	（6）=$\frac{(4)}{(5)}\times 100$				
平均含水率	%	（7）				

思考练习题

1. 什么是土的含水率？
2. 土的含水率试验标准方法有哪些？简述用烘干法测土的含水率的试验方法。
3. 测某土含水率时，盒+湿土质量为200 g，烘干后盒+干土质量为150 g，盒质量为50 g，该土含水率为多少？
4. 用烘干法测土的含水率时，烘箱温度为多少度？
5. 今预制备含水率为 w 的试样，现有土含水率为 w_1，质量为 m，需加多少水可制备预定含水率的试件？
6. 制备土样时，已知试样湿土质量为 m，含水率为 w，则该土样干土重为多少？

成绩评定

序号	检测项目	检测内容及要求	配分	学员自评	学员互评	教师评分	得分
1	职业修养	安全、纪律	10				
2		文明、礼仪、行为习惯	5				
3		工作态度	5				
4	专业能力						
5							
6							
7							
8							
9							
综合评价							

知识拓展

在实验室里调制具有一定含水率的土样，让学生分组取样，通过试验检测并出具试验报告，得出该土样的含水率，并判断误差。

（1）进行含水率试验时，常因试样代表性不足，而使测定结果失去实际意义，因此选取土样时需细心和均匀。此外，含水率试样应根据试验项目的和要求选取。若为了了解土层综合而概略的天然含水率，可沿土剖面竖向切取土样，如是配合压缩、抗剪强度、渗透试验，应在切取试样环刀的上下两面选取土样。

（2）关于试样的数量问题，为使试验结果的准确可靠，同时考虑烘、烧时间的长短，黏性土规定为 15~30 g，砂性土或砾质土试样应多取一些。

（3）烘干的试样应先冷却再称量，一是避免因天平受热不均影响称量精度，二是防止热土吸收空气中的水分。为此，试样应放在装在干燥剂（如氯化钙）的缸内冷却，缸口涂抹凡士林，与外界空气隔绝，试样在干燥缸内冷却至室温，即可称量。

（4）土样的采集、运输和保管。

采取原状土或扰动土视工程对象而定。凡属桥梁、涵洞、隧道、挡土墙、房屋建筑物的天然地基以及挖方边坡、渠道等，应采取原状土样。冻土采取原状土样时，应保持原土样温度，保持土样结构和含水率不变。

土样可在试坑、平洞、竖井、天然地面及钻孔中采取。取原状土样时，必须保持土样的原状结构及天然含水率，并使土样不受扰动。用钻机取土时，土样直径不得小于 10 cm，并使用专门的薄壁取土器；在试坑中或天然地面下挖取原状土时，可用有上、下盖的铁壁取土器，打开下盖，扣在欲取的土层上，边挖筒周围土，边压土筒至筒内装满土样，然后挖断筒底土层（或左、右摆动即断），取出土筒，翻转削平筒内土样。若周围有空隙，可用原土填满，盖好下盖，封闭取土筒。采取扰动土时，应先清除表层土，然后分层用四分法取样。对于盐渍土，一般应分别在 0~0.05 m、0.05~0.25 m、0.25~0.50 m、0.50~0.75 m、0.75~1.0 m 垂直深度处，分层取样。同时，应测记采样季节、时间和气温。

土样数量按相应试验项目规定采取：

取土记录和编号：无论采用什么方法取样，均应用"取样记录簿"记录并撕下其一半作为标签，贴在取土筒上（原状土）或折叠后放入取土袋内。"取样记录簿"宜用韧质纸并必须用铅笔填写各记录。取样记录簿记录内容应包含工程名称、路线里程（或地点）、记录开始日期、记录完毕日期、取样单位、采取土样的特征、试坑号、取样深度、土样号、取土袋号、土样名、用途、要求试验项目或取样说明、取样者、取样日期等。对取样方法、扰动或原状、取样方向以及取土过程中出现的现象等，应记入取样说明栏内。

任务二　土的密度检测（环刀法）

任务导入

某工程施工单位在修筑一围堰工程时，发现地基中土质松软，初步判断饱和度较大，为顺利施工遂让试验室人员采集原状土样进行密度测定。

任务目标

1. 掌握土的密度的试验检测方法。
2. 了解工程对土的密度性能的要求。
3. 熟悉土的密度试验检测操作过程。

相关知识

什么是土的密度？怎么表示呢？

土的密度是土的基本物理指标之一，用 ρ 来表示。它反映土的状态，他的变化将使土的一系列力学性质随之而异，用它可以换算土的干密度、孔隙比、孔隙率、饱和度等指标，是检测土工构筑物施工质量的重要指标。无论在室内试验或野外勘察以及施工质量控制中，均须测定密度。

环刀法只能用于测定不含砾石颗粒的细粒土的密度。环刀法操作简便而准确，在室内和野外普遍采用。

操作活动

下面具体讲如何进行土的密度检测。

一、试验目的

（1）密度是土单位体积的质量。测定土的密度是为了了解土体内部结构的密实情况。
（2）本试验方法适用于细粒土。

二、仪器设备

（1）环刀：内径 6~8 cm，高 2~5.4 cm，壁厚 1.5~2.2 mm。
（2）天平：感量 0.1 g。

环刀

天平

（3）其他：修土刀、钢丝锯、凡士林等。

三、试验步骤

（1）按工程需要取原状土或制备所需状态的扰动土样，整平两断，环刀内壁涂一薄层凡士林，刀口向下放在土样上。

（2）用修土刀将土样上部削成略大于环刀直径的土柱，然后将环刀垂直下压，边压边削，至土样伸出环刀上部为止。削去两端余土，使与环刀口面齐平，并用剩余土样测定含水率。

（3）擦净环刀外壁，称环刀与土合质量，准确至 0.1 g。

四、试验数据处理

（1）按式（4.2）、式（4.3）计算湿密度及干密度。

$$\rho = \frac{m_1 - m_2}{V} \tag{4.2}$$

$$\rho_d = \frac{\rho}{1 + 0.01w} \tag{4.3}$$

上两式中　ρ——土的湿密度（g/cm³），计算至 0.01；

　　　　　M_1——环刀与土合质量（g）；

　　　　　M_2——环刀质量（g）；

　　　　　V——环刀体积（cm³）；

　　　　　ρ_d——干密度（g/cm³），计算至 0.01。

　　　　　w——含水率（%）；

（2）试验记录见表 4.3。

表 4.3　密度试验记录（环刀法）

土样编号	环刀号	环刀容积/cm³	环刀质量/g	土+环刀质量/g	土样质量	湿密度/(g/cm³)	含水率/%	干密度/(g/cm³)	平均干密度/(g/cm³)	备注
		（1）	（2）	（3）	（4）	（5）	（6）	（7）	（8）	（9）
					（3）-（2）	$\frac{(4)}{(1)}$		$\frac{(5)}{1+0.01(6)}$		
1										
2										
3										

（3）精密度和允许差。

本试验须进行二次平行测定，取其算术平均值，允许平行差值不得大于 0.03 g/cm³。

（4）报告。

① 土的鉴别分类和状态描述。

② 土的含水率 w（%）。

③ 土的湿密度 ρ（g/cm³）。

④ 土的干密度 ρ_d（g/cm³）。

思考练习题

1. 什么是土的密度？

2. 土的干密度的表达公式是什么？湿密度和干密度之间的换算关系。

3. 制备某体积为 V 的试件，试件要求干密度为 ρ_d，含水率为 w，则制备该试件所需湿土质量为多少？

4. 土的相对密度在数值上等于什么？

5. 环刀法测土密度，环刀和土合质量为 205 g，环刀质量为 100 g，环刀容积为 100 cm^3，则土的密度是多少？

成绩评定

序号	检测项目	检测内容及要求	配分	学员自评	学员互评	教师评分	得分
		任　务　评　价					
1	职业修养	安全、纪律	10				
2		文明、礼仪、行为习惯	5				
3		工作态度	5				
4	专业能力						
5							
6							
7							
8							
9							
综合评价							

知识拓展

在实验室里制作出土样，让学生分组取样，通过试验检测并出具试验报告，得出该土样的密度，并判断误差。在室内做密度试验，考虑到与剪切、固结等项试验所用环刀配合，规定室内环刀容积为 60～150 cm。施工现场检查填土压实密度时，由于每层土压实度上下不均匀，为提高试验结果的精度，可增大环刀容积，一般采用的环刀容积为 200～500 cm^3。参照标准是：中华人民共和国交通部发布的行业标准 JTG E40—2007《公路土工试验规程》T0107—1993 环刀法。环刀高度与直径之比，对试验结果是由影响的。根据钻探机具、取土器的筒高和直径的大小，确定室内试验使用的环刀直径为 6～8 cm，高 2～3 cm，野外采用的环刀规格尚不统一，径高比一般以 1～1.5 为宜。环刀壁越厚，压入时土样扰动程度也越大，所以环刀壁越薄越好。但环刀压入土时，须承受相当的压力，壁过薄，环刀容易破损和变形。因此，建议壁厚一般用 1.5～2 mm。根据工程实际需要，采用原状土或制备所需状态的扰动土。

任务三 土的比重检测（比重瓶法）

任务导入

某工程施工单位在某市修筑某跨河大桥时，发现河床边坡土质含有大量的有机矿物质，为保证工程顺利施工，逐对土粒进行了比重试验。

任务目标

1. 掌握土的比重试验检测方法。
2. 了解工程对土的比重性能的要求。
3. 熟悉土的比重试验检测操作过程。

相关知识

什么是土的比重？

土粒的比重是土的基本物理指标之一，是计算孔隙比和评价土类的主要指标。关于比重的定义，以往国内《土工试验规程》和常见教科书上一般将比重定义为：土粒在温度 100～105 ℃，烘至恒重时的重量与同体积 4 ℃ 时蒸馏水重量的比值。近年来，国外某书刊中给出这样的定义：给定体积材料的质量（或密度）与等体积的质量（或密度）的比值。

颗粒小于 5 mm 的土用比重瓶法测定。根据土的分散程度、矿物成分、水溶盐和有机质的含量又分别规定用纯水和中性液体测定。排气方法也根据介质的不同分别采用煮沸法和真空抽气法。

目前各单位多用 100 mL 的比重瓶，也有采用 50 mL 的。比较试验表明，瓶的大小对比重结果影响不大，但因 100 mL 的比重瓶可以多取些试样，使试样的代表性和试验的精度提高，所以本规程建议采用 100 mL 的比重瓶，但也允许采用 50 mL 的比重瓶。

比重瓶校正一般有两种方法：称量校正法和计算校正法。前一种方法精度比较高，后一种方法引用参照标准是：中华人民共和国交通部发布的行业标准 JTG E40—2007《公路土工试验规程》T0112—1993 比重瓶法。

操作活动

下面具体讲如何进行土的比重检测。

一、试验目的

测定土的颗粒比重，它是土的物理性基本指标之一。本试验适用于粒径小于 5 mm 的土。

二、仪器设备

（1）比重瓶：容积 100 mL 或 50 mL，分长颈和短颈两种；最小分度值 0.001 g。
（2）恒温水槽：准确度为 ±1 ℃。
（3）砂浴：应能调节温度。

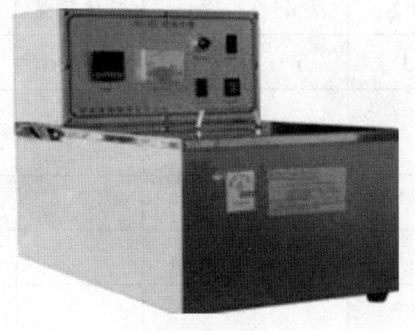

　　　　　　　　　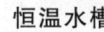　　　　　　　　砂浴

（4）天平：称量 200 g；
（5）温度计：刻度为 0~50 ℃，最小分度值 0.5 ℃

三、试验步骤

（1）将比重瓶烘干。称量烘干试样 15 g 装入 100 mL 比重瓶，称试样和瓶的总质量，准确至 0.001 g。
（2）向比重瓶内注入半瓶纯水，摇动比重瓶，并放在砂浴上煮沸，煮沸时间自悬液沸腾算起，砂土及低液限黏土不应少于 30 min，高液限黏土、粉土不得少于 1 h。沸腾后应调节砂浴温度，比重瓶内悬液不得溢出。
（3）将煮沸经冷却的纯水注入装有试样悬液的比重瓶。当用长颈比重瓶时，注水至刻度处；当用短颈比重瓶时，应注满纯水，塞紧瓶塞，多余水自瓶塞毛细管中溢出。将比重瓶放入恒温水槽直至瓶内水温稳定，且瓶内上部悬液澄清。取出比重瓶，擦干瓶外壁，称比重瓶、水、试样总质量，准确至 0.001 g。测定瓶内水温，准确至 0.5 ℃。
（4）从温度与瓶、水总质量的关系曲线中查得试验温度下的瓶、水总质量。

四、试验数据处理

（1）土粒比重，应按式（4.4）计算：

$$G_s = \frac{m_d}{m_{bw} + m_b + m_{bws}} \times G_{iT} \tag{4.4}$$

式中　G_s——土的比重；
　　　m_d——干土质量（g）；
　　　m_{bw}——比重瓶、水总质量（g）；
　　　m_{bws}——比重瓶、水、试样总质量（g）；

G_{iT}——T °C 时纯水的比重。

（2）比重瓶法试验记录及结果计算（表4.4）：

表 4.4 比重瓶法试验记录表

试样编辑	比重瓶号	温度①	液体密度②	比重瓶质量③	瓶加干土质量④	干土质量⑤	瓶加液体质量⑥	瓶加土加液体质量⑦	与干土同体积的液体质量⑧	土粒密度⑨	平均值
			查表			④-③			⑤+⑥-⑦	⑤÷⑧×②	

思考练习题

1. 什么是土的比重？
2. 简述比重瓶法测土的比重的实验步骤。

知识拓展

在实验室里让学生分组取样，通过试验检测并出具试验报告，得出该土样的比重，并判断误差。

目前各单位多用 100 mL 的比重瓶，也有采用 50 mL 的。比较试验表明，瓶的大小对比重结果影响不大，但因 100 mL 的比重瓶可以多取些试样，使试样的代表性和试验的精度提高，所以本规程建议采用 100 mL 的比重瓶，但也允许采用 50 mL 的比重瓶。

比重瓶校正一般有两种方法：称量校正法和计算校正法。前一种方法精度比较高，后一种方法引用参照标准是：中华人民共和国交通部发布的行业标准 JTG E40—2007《公路土工试验规程》T0112—1993 比重瓶法。

任务四　界限含水率检测

任务导入

某高速公路路段在设计时没考虑该段的土的界限含水率，压实施工后，经过一段时间雨水侵蚀后，路面出现明显裂纹。可见作为路基的土，必须要满足符合要求的液塑限和塑性指数才能保证工程整体质量。

任务目标

1. 掌握土的界限含水率试验检测方法。
2. 了解工程对土的界限含水率性能的要求。
3. 熟悉土的界限含水率试验检测操作过程。

相关知识

随着含水率不同，黏性土可处于不同的物理状态，而含水率对黏性土的工程性质（如强度、压缩性等）有极大的影响。

界限含水率：黏性土由一种状态转至另一种状态的分界含水率。

液限 w_L：液体状态与塑性体状态之间的界限含水率。

塑限 w_P：塑性体状态与固体状态之间的界限含水率。

塑性指数 I_P：指液限和塑限的差值（省去%符号），即土处在可塑状态的含水率变化范围（不带%）。

$$I_P = w_L - w_P$$

液性指数 I_L：黏性土的天然含水率和塑限的差值与塑性指数之比。

$$I_L = (w - w_P)/(w_L - w_P)$$

在 JTG D63—2007《公路桥涵地基与基础设计规范》与 GB 50021—2001《岩土工程勘察规范》中规定：

$I_L \leq 0$	为坚硬状态
$0 < I_L \leq 0.25$	为硬塑状态
$0.25 < I_L \leq 0.75$	为可塑状态
$0.75 < I_L \leq 1$	为软塑状态
$I_L > 1$	为流塑状态

操作活动

下面用液塑限联合测定法对黏性土的状态进行判断。

一、试验目的

本试验的目的是测定黏性土的液塑限和塑性指数,从而判断该土的物理状态和工程分类及代号。

二、仪器设备

(1) LP-100 或 LP-76 型液塑限联合测定仪;(2) 试锥(锥体质量为 100 g 或 76 g,锥角为 30°);(3) 盛土杯;(4) 0.5 mm 筛;(5) 凡士林。

三、试验步骤

(1) 取有代表性的天然含水率或风干土样进行试验。如土中含大于 0.5 mm 的土粒或杂物时,应将风干土样用带橡皮头的研杵研碎或用木棒在橡皮板上压碎,过 0.5 mm 的筛。

取 0.5 mm 筛下的代表性土样 200 g,分开放入 3 个盛土皿中,加不同数量的蒸馏水,土样的含水率分别控制在液限(a 点)、略大于塑限(c 点)和二者的中间状态(b 点)。用调土刀调匀,盖上湿布,放置 18 h 以上。测定 a 点的锥入深度应为 20±0.2 mm;测定 c 点的锥入深度应控制在 5 mm 以下。对于砂类土,测定 c 点的锥入深度可大于 5 mm。

(2) 将制备的土样充分搅拌均匀,分层装入盛土杯,用力压密,使空气逸出。对于较干的土样,应先充分搓揉,用调土刀反复压实。试杯装满后,刮成与杯边齐平。

(3) 当用游标式或百分表式液限塑限联合测定试验时,调平仪器,提起锥杆(此时游标或百分表读数为零),锥头上涂少许凡士林。

(4) 将装好土样的试杯放在联合测定仪的升降座上,转动升降旋钮,待尖与土样表面刚好接触时停止升降,扭动锥下降旋钮,同时开动秒表,经 5 s 后,松开旋钮,锥体停止下落,此时游标读数即为锥入深度 h_1。

(5) 改变锥尖与土接触位置(锥尖两次锥入位置距离不小于 1 cm),重复(3)和(4)步骤,得锥入深度 h_2。h_1、h_2 允许误差为 0.5 mm,否则应重做。取 h_1、h_2 平均值作为该点的锥入深度 h。

(6) 去掉锥尖入土处的凡士林,取 10 g 以上的土样两个,分别装入称量盒内,称质量(准确至 0.01 g),测定其含水率 w_1、w_2(计算到 0.1%)。计算含水率平均值 w。

(7) 重复(2)~(6)步骤,对其他两个含水率土样进行试验,测其锥入深度和含水率。

(8) 用光电式或数码式液限塑限联合测定仪测定时,接通电源,调平机身,打开开关,提上锥体(此时刻度或数码显示为零)。将装好土样的试杯放在升降座上,转动升降旋钮,试杯徐徐上升,土样表面和锥尖刚好接触,指示灯亮,停止转动旋钮,锥体立刻自行下沉,5 s 后,自动停止下落,读数窗上或数码管上显示锥入深度。试测完毕,按动复位按钮,锥体复位,读数显示为零。

四、试验数据处理

在二级双对数坐标纸上,以含水率 w 为横坐标,锥入深度 h 为纵坐标,点绘 a、b、c 三点含水率的 h-w 图,连此三点,应呈一条直线。如三点不在同一直线上,要通过 a 点与 b、c 两点连成两条直线,根据液限(a 点含水率)在 h-w_L 图上查得 h_P,以此 h_P 再在 h-w 图上的

ab 及 ac 两直线上求出相应的两个含水率,当两个含水率的差值小于 2%时,以该两点含水率的平均值与 a 值连成一直线。当两个含水率的差值大于 2%时,以该两点含水率的平均值与 a 值连成一直线。当两个含水率的差值大于 2%时,应重做试验。

在 h-w 图上,查得纵坐标入土深度 $h = 20$ mm(对于 100 g 锥)或 $h = 17$ mm(对于 76 g 锥)所对应的横坐标的含水率 w 即为该土样的液限含水率 w_L。

对于细粒土,用式(4.5)计算塑限入土深度 h_P:

$$h_P = \frac{w_L}{0.524 w_L - 7.606} \tag{4.5}$$

对于砂类土,则用式(4.6)计算塑限入土深度 h_P:

$$h_P = 29.6 - 1.22 w_L + 0.17 w_L^2 - 0.000\,074\,4\, w_L^2 \tag{4.6}$$

根据 h_P 值,再查试验结果 h-w 图,对应 h_P 的含水率即为塑限含水率 w_P 值。

思考练习题

1. 土的界限含水率有哪些?分别表示什么意思?
2. 通过检测界限含水率后如何判断天然土的物理状态?
3. 用 100 g 锥测定土的界限含水率,土达液限时,锥入深度是多少?
4. 塑性指数表达式是什么?
5. 哪些试验方法可测定土的液限?
6. 交通部 JTG E40—2007《公路土工试验规程》规定液塑限试验锥重与入土时间分别为多少?

成绩评定

任 务 评 价						
序号	检测项目	检测内容及要求	配分	学员自评	学员互评	教师评分	得分
1	职业修养	安全、纪律	10				
2		文明、礼仪、行为习惯	5				
3		工作态度	5				
4	专业能力						
5							
6							
7							
8							
9							
综合评价							

知识拓展

JFG F10—2006《公路路基施工技术规范》规定液限大于50%，塑性指数大于26的细粒土不能直接用于路基填筑。

试样制备好坏对液限塑限联合测定的精度具有头等重要意义。制备试样应均匀、密实。一般制备三个试样。一个要求含水率接近液限（入土深度20+0.2 mm），一个要求含水率接近塑限，一个居中。否则，就不容易控制曲线的走向。对于联合测定精度最有影响的是靠近塑限的试样。可以先将试样充分搓揉，再将土块紧密地压入容器，刮平，待测。当含水率等于塑限时，对控制曲线走向最有利，但此时试样很难制备，必须充分揉搓，使土的断面上无孔隙存在。为便于操作，根据实际经验含水率可略放宽，以入土深度不大于4~5 mm为限。

调整联合测定仪，使锥尖与土表面接触，按钮使锥自动落下。关于放锥时间，1999年水电部颁发的SL237—1999《土工试验规程》规定为5 s。我们在试验中发现，黏质土锥深随时间变化不甚明显，对低塑性土，在5~30 s内锥深随时间的增长有加大的趋势，其对应的液限值随之减小。

交通部第一公路勘察设计院曾对10个低塑性土试样以不同放锥时间（5 s、15 s、30 s）进行了对比试验，发现不同时间的液限塑限差值不大，不致影响土的定名，因此放锥时间定为5 s是可行的。对于土面变形的误差不另校正，统一计入读数内。采用度盘或游标后，读数可读到0.01 cm。

土的性质对塑限时入土深度有显著影响，一般地讲，对砂类土的影响较大，而对粉质土和黏质土的影响较小。

液限塑限联合测定仪有数码式、光电式、游标式和百分表式四种，可根据具体情况选用。

任务五　土的颗粒分析试验

任务导入

某隧道施工单位在某市修建地铁工程时，对城市原主干道地基进行开挖，发现填筑层下土体以砾类土为主，逐对土进行颗粒分析试验。

任务目标

1. 掌握土的颗粒分析试验检测方法。
2. 了解工程对土的颗粒性能的要求。
3. 熟悉土的颗粒分析试验检测操作过程。

关联知识

什么是土的颗粒分析？土的颗粒分析是测定干土中各粒组的颗粒重占土总质量百分比的试验方法。

目的是了解土的颗粒级配情况，供土的分类及概略判断土的工程性质之用。

参照标准是：中华人民共和国交通部发布的行业标准 JTG E40—2007《公路土工试验规程》T0115—1993 筛分法。

自然界的土中，作为组成土体骨架的土粒，大小悬殊，性质各异。工程上常把组成土的各种大小颗粒的相互比例关系，称为土的粒度成分，对土的一系列工程性质有着决定性的影响，因而它是工程地质研究的主要内容之一。

土的粒度，是指土颗粒的大小，以粒径表示，通常以 mm 为单位。土粒由粗到细划分分为若干段，每一段规定一个粒径尺寸范围，称为粒组。每个粒级的区间内，常以其粒径的上、下限给粒组命名。

从工程地质角度看，划分原则为：

应符合量变到质变的规律。以 2 mm 粒径为土粒有无毛细水的界限；以 0.074 mm 粒径为土粒有无水联结和有无黏着力的界限；以 0.002 mm 粒径为土粒有无黏着力的界限。

应与现代粒度分析水平相适应。粒度大于 0.074 mm 的土粒，可用筛析法进行颗粒分析；粒径小于 0.074 mm 的土粒，可采用静水沉降法进行颗粒分析。

粒组的界限值服从数学规律，便于记忆。

一般天然土都由若干个粒组组成，它所包含的各个粒组在土的全部质量中各自占有的比例，称为粒度成分。

组成土体的粒径是大小不同的粒集合体，土粒粒径的大小和级配与土的工程性质紧密相关。土的颗粒分析试验就是测定土的粒径大小和级配状况，为土的分类、定名和工程应用提供依据。对于粒径大于 0.074 mm 的土用筛析法直接测试，粒径小于 0.074 mm 的土用静水沉降法间接测定。

筛析法是将土样通过一组标准筛，对于通过某一筛孔的土粒，可以认为其粒径恒小于该筛的孔径，反之，遗留在筛上的颗粒，可以认为其粒径恒大于该筛孔径，这样即可把土样的大小颗粒按孔大小逐级加以分组和分析。

操作活动

下面具体讲如何进行土的颗粒分析检测：

一、试验目的

（1）本试验法适用于分析粒径大于 0.075 mm 的土颗粒组成。对于粒径大于 60 mm 的土样，本试验方法不适用。

二、仪器设备

（1）标准筛。粗筛（圆孔）：孔径为 60 mm、40 mm、20 mm、10 mm、5 mm；细筛：孔

径为 2 mm、0.5 mm、0.25 mm、0.074 mm。

（2）天平：称量 5 000 g，感量 5 g；
　　　　　称量 1 000 g，感量 1 g；
　　　　　称量 200 g，感量 0.2 g。

（3）摇筛机（也可采用人工筛）。

　　标准筛　　　　　　　　　摇筛机

（4）其他：烘箱、筛刷、烧杯、木碾、研钵及杵等。

三、试验步骤

1. 对于无黏聚性的土。

（1）按规定称取试样，将试样分批过 2 mm 筛。

（2）将大于 2 mm 的试样按从大到小的次序，通过大于 2 mm 的各级粗筛，将留在筛上的土分别称量。

（3）2 mm 筛下的土数量过多，可用四分法缩分至 100~800 g；将试样按从大到小的次序通过小于 2 mm 的各级细筛。可用摇筛机进行振摇，振摇时间一般为 10~15 min。

（4）由最大孔径的筛开始，按顺序将各筛取下，在白纸上用手轻叩摇晃，至每分钟筛下数量不大于该级筛余质量的 1% 为止；漏下的土粒应全部放入下一级筛内，并将留在各筛上的土样用软毛刷刷净，分别称量。

（5）筛后各级筛上和筛底土总质量与筛前试样质量之差，不应大于 1%。

（6）如 2 mm 筛下的土不超过试样总质量的 10%，可省略细筛分析；如 2 mm 筛上的土不超过试样总质量的 10%，可省略粗筛分析。

2. 对于含有黏土粒的沙砾土。

（1）将土样放在橡皮板上，用木碾将黏结的土团充分碾散、拌匀、烘干、称量。当土样过多时，用四分法称取代表性土样。

（2）将试样置于盛有清水的瓷盆中，浸泡并搅拌，使粗细颗粒分散。

（3）将浸润后的混合液过 2 mm 筛，边冲边洗过筛，直至筛上仅留大于 2 mm 以上的土粒为止；然后，将筛上洗净的砂砾风干称量。按以上方法进行粗筛分析。

（4）通过2mm筛下的混合液存放在盆中，待稍沉淀，将上部悬液过0.075mm洗筛，用带橡皮头的玻璃研磨盆内浆液；再加清水，搅拌、研磨、静置、过筛，反复进行，直至盆内悬液澄清；最后，将全部土粒倒在0.075mm筛上，用水冲洗，直到筛上仅留下大于0.075mm的净砂为止。

（5）将大于0.075mm的净砂烘干称量，并进行细筛分析。

（6）将大于2mm的颗粒及2~0.075mm的颗粒质量从原称量的总质量中减去，即为小于0.075mm的颗粒质量。

（7）如果小于0.075mm颗粒质量超过总土质量的10%，有必要时，将这部分土烘干、取样，另做比重计或移液管分析。

四、试验数据处理

（1）按式（4.7）计算小于某粒径的颗粒质量百分数。

$$X = \frac{A}{B} \times 100 \tag{4.7}$$

式中 X——小于某粒径颗粒的质量百分数（%）；
A——小于某粒径的颗粒质量（g）；
B——试样的总质量（g）。

（2）当小于2mm的颗粒如用四分法缩分取样时，试样中小于某粒径的颗粒质量占总土质量的百分数按式（4.8）计算：

$$X = \frac{a}{b} \times p \times 100 \tag{4.8}$$

式中 a——通过2mm筛的试样中小于某粒径的颗粒质量（g）；
b——通过2mm筛的土样中所取试样的质量（g）；
p——粒径小于2mm的颗粒质量百分数（%）。

（3）在半对坐标上，以小于某粒径的颗粒质量百分数为纵坐标，以粒径（mm）为横坐标，绘制颗粒大于级配曲线，求出各粒组的颗粒质量百分数，以整数（%）表示。

（4）必要时按式（4.9）计算不均匀系数：

$$C_u = \frac{d_{60}}{d_{10}} \tag{4.9}$$

式中 C_u——不均匀系数；
d_{60}——限制粒径，即土中小于该粒径的颗粒质量为60%的粒径（mm）
d_{10}——有效粒径，即土中小于该粒径的颗粒质量为10%的粒径（mm）。

土的颗粒大小分析记录见表4.7。

表 4.7　土的颗粒大小分析试验记录（筛分法）

筛前总土质量 = g				小于 2 mm 土质量 = g		小于 2 mm 土占总土质量 = %		小于 2 mm 取试样质量 = g	
粗筛分析				细筛分析					
孔径/mm	累积筛留土质量/g	小于该孔径的土质量/g	小于该孔径的土质量百分比/%	孔径/mm	累积筛留土质量/g	小于该孔径的土质量/g	小于该孔径的土质量百分比/%	占总土质量百分比/%	

土的粒径分配曲线表见表 4.8。

表 4.8　路基、路面材料颗粒分析记录（粒径分配曲线表）

工程名称		试验规程	
取样地点		试验日期	
（粘贴颗粒级配曲线图）			
试验结果	$d_{10}=$ $d_{30}=$ $d_{60}=$	不均匀系数 $C_u = d_{60}/d_{10} =$ 曲率系数 $C_c = d_{30}^2 / d_{10} \times d_{60} =$ 土的名称代号：	

思考练习题

1. 什么是土的颗粒分析？
2. 土工筛粗细筛的分界粒径是多少？
3. 简述颗粒分析试验的种类及适用范围，并叙述干筛分法土的颗粒分析的实验步骤。
4. 筛分法与沉降分析法的分界粒径是多少？

5. 已知某土 $d_{10} = 0.02$ mm，$d_{30} = 0.25$ mm，$d_{60} = 0.35$ mm，则该土的不均匀系数是多少？
6. 已知某土 $d_{10} = 0.02$ mm，$d_{30} = 0.25$ mm，$d_{60} = 0.35$ mm，则该土的曲率系数是多少？

成绩评定

序号	检测项目	检测内容及要求	配分	学员自评	学员互评	教师评分	得分
		任 务 评 价					
1	职业修养	安全、纪律	10				
2		文明、礼仪、行为习惯	5				
3		工作态度	5				
4	专业能力						
5							
6							
7							
8							
综合评价							

知识拓展

在实验室里让学生分组取样，通过试验检测并出具试验报告，对该土样进行颗粒分析。

当大于 0.075 mm 的颗粒超过试样总质量的 15%时，应先进行筛分试验，然后经过洗筛，再用密度计法或移液管法进行试验。在选用分析筛的孔径时，可根据试样颗粒的粗、细情况灵活选用。对于砾类土等颗粒较大的土样，按其最大颗粒决定试样数量，这样比较直观，易于掌握，又可得到比较有代表性的数据。用风干土样进行筛分试验，按四分法取代表性试样，数量随粒径大小而异，粒径越大，数量越多。对于无凝聚性，可采用干筛法；对于含有部分黏土的砾类土，必须用水筛法，以保证颗粒充分分散。

任务六 水泥、石灰剂量检测（EDTA 滴定法）

任务导入

沪蓉国道主干线湖北沪蓉西（恩施至利川）高速公路一期土建工程施工合同中指明路基

材料为土，在施工中需掺入一定量的水泥或者石灰来进行稳定，水泥剂量的多少采用本节的 EDTA 滴定法进行测定。

任务目标

1. 掌握水泥、石灰剂量试验检测方法。
2. 了解工程对水泥、石灰剂量的要求。
3. 熟悉水泥、石灰剂量试验检测操作过程。

相关知识

JTG E51—2009《公路工程无机结合料稳定材料试验规程》T 0809—2009 原材料试验。

无机结合料稳定材料常用作路面基层材料，是在粉碎或原状的土（或沙砾）中掺入一定量的无机胶结材料和适量的水，经拌和、压实与养生后，得到的具有较高后期强度，整体性和水稳定性均较好的材料。

根据基层材料的不同，无机结合料稳定材料分为稳定土和稳定砂砾。由于采用不同的无机胶结材料，其又可分为水泥稳定类、石灰稳定类、综合稳定类、工业废渣稳定类（主要是石灰粉煤灰稳定类）。

稳定类材料组成设计，也称混合料设计，即根据对某种稳定材料规定的技术要求，选择合适的原材料、掺配用料（需要时），确定结合料的种类和剂量及混合料的最佳含水率。稳定类材料组成设计是路面结构设计的重要组成部分。

混合料组成设计所要求达到的目标是：满足设计强度要求，抗裂性达到最优，且便于施工。混合料组成设计的基本原则是：结合料剂量合理、尽可能采用综合稳定以及集料应有一定级配。结合料剂量太低不能形成半刚性材料，剂量太高则刚度太大，容易脆裂。采用综合稳定时，水泥可提高早期强度，石灰可使刚度不太大，掺入一定的粉煤灰可以降低收缩系数。集料的级配以集料靠拢而不紧密为原则，其空隙让无机结合料填充，形成各自发挥优势的稳定结构。

混合料组成的计算公式：

$$干料质量 = \frac{湿料质量}{1+含水率}$$

计算步骤：

① 求干混合料质量 $= \dfrac{300 \text{ g}}{1+最佳含水率}$

② 干土质量 $= \dfrac{干混合料质量}{1+石灰（或水泥）剂量}$

③ 干石灰（或水泥）质量 = 干混合料质量 – 干土质量

④ 湿土质量 = 干土质量 ×（1+土的风干含水率）

⑤ 湿石灰质量 = 干石灰质量 × (1+石灰的风干含水率)
⑥ 石灰中应加入的水 = 300g – 湿土质量 – 湿石灰质量

操作活动

下面具体讲如何进行水泥和石灰稳定土中水泥和石灰的剂量的测定。

一、试验目的

(1) 本法适用于在工地快速测定水泥和石灰稳定土中水泥和石灰的剂量,并可用以检查拌和的均匀性。用于稳定的土可以是细粒土,也可以是中粒土和粗粒土。本法不受水泥和石灰稳定土龄期(7 d 以内)的影响。工地水泥和石灰稳定土含水率的少量变化(±2%),实际上不影响测定结果。用本法进行一次剂量测定,只需 10 min 左右。

(2) 本法也可以用来测定水泥和石灰综合稳定土中结合料的剂量。

二、仪器设备

(1) 滴定管(酸式):50 mL,1 支。

(2) 滴定管支架:1 个。
(3) 滴定管夹:1 个。
(4) 大肚移液管:10 mL,10 支。
(5) 锥形瓶(即三角瓶):200 mL,20 个。
(6) 烧杯:1 000 mL,1 只;300 mL,10 只。
(7) 容量瓶:100 mL,1 个。
(8) 搪瓷杯:容量大于 1 200 mL,10 只。
(9) 不锈钢搅拌棒或粗玻璃棒:(长 30~35 cm) 10 根。
(10) 托盘天平:称量 500 g,感量 0.5 g,称量 100 g,感量 0.1 g,各 1 台。
(11) 精密试纸:pH 值 12~14,最好用 pH 值测定仪(酸度计)。

（12）量筒：100 mL、5 mL 各 1 个；50 mL 2 只。

（13）棕色广口瓶：60 mL，1 只（装紫脲酸胺粉或钙红），也可以用有盖塑料瓶。

（14）聚乙烯桶：20 L，1 个（装蒸馏水）；聚乙烯桶：10 L，1 个（装氯化铵溶液；聚乙烯瓶：1 L，1 个（装氢氧化钠）。

（15）聚乙烯试剂瓶：1 L，1 个（装 EDTA）。

（16）玻璃试剂瓶：1 个（盛放三乙醇胺）。

（17）秒表：1 只。

（18）表面皿：ϕ9 cm，10 个。

（19）研钵：ϕ12～13 cm，1 个。

（20）洗耳球 1 个，玻璃棒若干根，毛刷，去污粉，特种铅笔，滴管。

（21）0.1 mol/m³ 乙二胺四乙酸二钠（简称 EDTA 二钠）标准液。

准确称取 EDTA 二钠（分析纯）37.226 g，用微热的无二氧化碳（CO_2）的蒸馏水溶解，待全部溶解并冷却至室温后，用容量瓶定容至 1 000 mL。

（22）10%氯化铵（NH_4Cl）溶液。

将 500 g 氯化铵（分析纯或化学纯）放在 10 L 的聚乙烯桶内，加蒸馏水 4 500 mL，充分振荡，使氯化铵完全溶解。也可以分批在 1 000 mL 的烧杯内配制，然后倒入塑料桶内摇匀。

（23）1.8%氢氧化钠（内含三乙醇胺）溶液。

将 18 g 氢氧化钠（分析纯），放入洁净干燥的 1 000 mL 烧杯中，加入 1 000 mL 蒸馏水使其全部溶解，待溶液冷至室温后，加入 2 mL 三乙醇胺（分析纯），搅拌均匀后贮存于塑料桶中。

（24）钙红指示剂。

将 0.2 g 钙（钙红）试剂羟酸钠（分子式 $C_{21}H_{13}O_7N_2SNa$，分子量 460.39）与 20 g 预先在 105 ℃ 烘箱中烘 1 h 的硫酸钾混合。一起入在研钵中，研成极细粉末，储存棕色广口瓶中，以防吸湿。

三、试验步骤

1. 准备标准曲线。

（1）取样。取工地用石灰和集料，风干后分别过 2.0 mm 或 2.5 mm 筛，用烘干法或酒精燃烧法测其含水率（如为水泥可假定其含水率为 0）。

（2）混合料组成的计算。

① 公式：

$$干料质量 = \frac{湿料质量}{1+含水率} \tag{4.10}$$

② 计算步骤：

$$求干混合料质量 = \frac{300\ g}{1+最佳含水率}$$

$$干土质量 = \frac{干混合料质量}{1+石灰（或水泥）剂量}$$

干石灰（或水泥）质量 = 干混合料质量 − 干土质量

湿土质量 = 干土质量 × （1 + 土的风干含水率）

湿石灰质量 = 干石灰质量 × （1 + 石灰的风干含水率）

石灰中应加入的水 = 300 g − 湿土质量 − 湿石灰质量

（3）准备试样。

① 必须严格保持所有仪器设备的清洁，应该用蒸馏水洗刷。

② 准备5种试样，每种2个样品（以水泥稳定料为例），如下所述。

1种：称2份300 g集料（如为细粒土，则每份的质量可减为100 g）分别放在2个搪瓷杯内。集料的含水率应等于工地预期达到的最佳含水率。集料中所加的水应与工地所用的水相同（300 g为湿质量）。

2种：准备2份水泥剂量为2%的水泥土混合料试样，每份均为300 g，并分别放在2个搪瓷杯内。水泥土混合料的含水率应等于工地预期达到的最佳含水率。混合料中所加的水应与工地所用的水相同。

3种、4种、5种：各准备2份水泥剂量分别为4%、6%、8%的水泥土混合料试样，每份均为300 g，并分别放在6个搪瓷杯内，其他要求同1种。

③ 取一个盛有试样的搪瓷杯，在杯内加600 mL 10% NH_4Cl 溶液（当仅用100 g混合料时，只需200 mL 10% NH_4Cl 溶液）。用不锈钢搅拌棒充分搅拌3 min（110~120次/min）。如水泥（或石灰）土混合料中的土是细粒土，则也可以用1 000 mL锥形瓶代替搪瓷杯，手握锥形瓶（瓶口向上）用力振荡3 min（每分钟120 ± 5次），以代替搅拌棒搅拌。放置沉淀4 min（如4 min后得到的是混浊悬浮液，则应增加放置沉淀时间，直到出现澄清悬浮液为止，并记录所需时间。以后所有该种水泥（或石灰）土混合料的试验，均应以同一时间为准）。然后将上部清液移到300 mL烧杯内，搅匀，加盖表面皿待测。

④ 用移液管吸取上层（液面下1~2 mm）悬浮液10 mL，放入200 mL的锥形瓶内，用量筒量取50 mL 1.8%氢氧化钠溶液（内含三乙醇胺）倒入三角瓶中，此时溶液pH值为12.5~13.0（可用pH值12.5~14的精密试纸），然后加入钙红指示剂（体积约为黄豆大小），摇匀，溶液呈玫瑰红色，用EDTA二钠标准液滴定到纯蓝色为终点。记录EDTA二钠的耗量（以mL计，读至0.1 mL）。

（4）对其他几个搪瓷杯中的试样，用同样的方法进行试验，并记录各自的EDTA二钠的耗量。

（5）以同一水泥或石灰剂量混合料消耗EDTA二钠毫升数的平均值为纵坐标，以水泥或石灰剂量（%）为横坐标制图。两者的关系应是一根顺滑的曲线，如图 4.1 所示。如素集料或水泥或石灰改变，必须重做标准曲线。

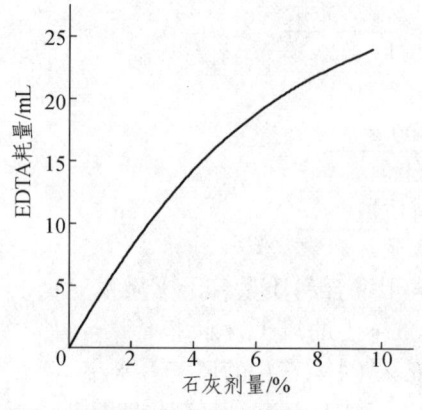

图 4.1　标准曲线

2. 试验操作步骤。

（1）选取有代表性的水泥土或石灰土混合料，称 300 g 放在搪瓷杯中，用搅拌棒将结块搅散，加 600 mL 10% NH_4CL 溶液，然后如前述步骤那样进行试验。

（2）利用所绘制的标准曲线，根据所消耗的 EDTA 二钠毫升数，确定混合料中的水泥或石灰剂量。

3. 注意事项。

（1）每个样品搅拌的时间、速度和方式应力求相同，以增加试验的精度。

（2）做标准曲线时，如工地实际水泥剂量较大，素集料和低剂量水泥的试样可以不做，而直接用较高的剂量做试验，但应有两种剂量大于实际用剂量，以及两种剂量小于实际剂量。

（3）配制的氯化铵溶液，最好当天用完，不要放置过久，以免影响试验的精度。

试验记录见表 4.8。

四、试验数据处理

将试验数据记录如后表中，并进行分析评定。将实验室的细粒土以 0%、2%、4%、6% 剂量水泥进行稳定，用所学的试验方法画出标准曲线。如图 4.2 所示。

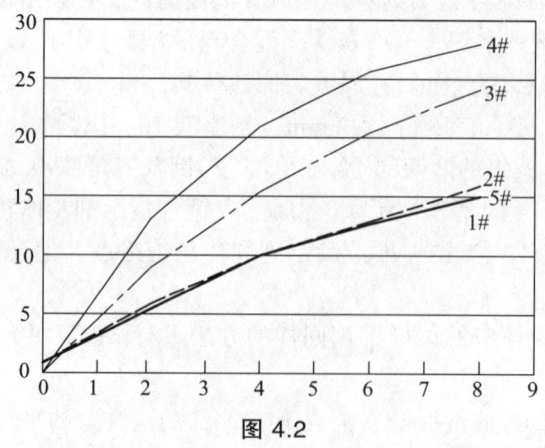

图 4.2

表 4.8 水泥或石灰剂量测定试验记录表

试验表（26） 编号：SW05012001

项目名称	渝湛高速公路高桥至遂溪段		合同段	8	施工单位	福建省第一公路工程公司
取样地点	配合比		混合料名称	水泥稳定碎石	试验日期	2005.01.20
结构层名称	底基层		施工范围	G207 跨线桥接线路面 K0+000－K1+000	稳定剂种类	水泥
试验单位	8 标工地试验室		试验依据	JTJ 057—94《公路工程无机结构料稳定材料试验规程》		

说明：混合料重 300g，每份料用 NH_4CL 溶液 600 mL10%稀释，10 mL 混合料悬浮液，50 mL1.8%NaOH 溶液

	干灰含量 /%	EDTA 耗量/mL			标定曲线		
		1	2	平均			
标准曲线标定（每份集料重 300 g）	0	1.0	1.2	1.1			
	2	7.5	7.5	7.5			
	4	12.3	12.1	12.2			
	6	16.1	16.2	16.2			
	8	19.5	19.3	19.4			

试验序号	取样位置	EDTA 二钠标准液用量/0.1 mL			水泥剂量 /%	平均值 X	统计结构
		初读数	未读数	数量			
1	配合比	130	151	21	0	0	平均值：$X=$
2		151	171	20	0		
3	配合比	200	281	81	2	2	
4		281	363	82	2		标准差：$S=$
5	配合比	210	344	134	4	4	
6		344	478	134	4		偏差系数：$C_V=S/X=$
7	配合比	230	408	178	6	6	
8		408	588	180	6		
9	配合比	180	398	218	8	8	
10		398	617	219	8		

审核： 校核： 试验：

思考练习题

1. 水泥稳定土在土中起什么作用？
2. 简述 EDTA 滴定试验过程。
3. 已知细粒土，最佳含水率为 12%，现含水率为 2%，请计算水泥剂量为 5%的 100 g 混合料的各种材料的重量。

成绩评定

序号	检测项目	检测内容及要求	配分	学员自评	学员互评	教师评分	得分
		任务评价					
1	职业修养	安全、纪律	10				
2		文明、礼仪、行为习惯	5				
3		工作态度	5				
4	专业能力						
5							
6							
7							
8							
9							
综合评价							

知识拓展

EDTA 滴定法的化学原理是：先用 10%的 NH_4CL 弱酸溶出水泥稳定材料中的钙，然后用 EDTA 二钠标准溶液夺取钙，EDTA 二钠标准溶液的消耗量与相应的水泥剂量（水泥剂量的大小正比于钙的数量）存在近似线性关系。

EDTA 滴定法的龄期效应曲线与素集料、水泥剂量、水泥品质、稳定层压实度、养护、温度等因素有关，应按工地具体使用的材料和配合比，通过试验，制备好龄期效应标准曲线，为实际检测工作提供依据。水泥稳定材料的龄期修正以小时计；石灰及二灰修正以天计。水泥剂量测定不宜超过终凝；石灰剂量测定不宜超过火山灰反应开始时间，一般为 7 天。

注意事项

（1）每个样品搅拌的时间、速度和方式应力求相同，以增加试验的精度。

（2）做标准曲线时，如工地实际水泥剂量较大，素集料和低剂量水泥的试样可以不做，而直接用较高的剂量做试验，但应有两种剂量大于实际用剂量，以及两种剂量小于实际剂量。

（3）配制的氯化铵溶液，最好当天用完，不要放置过久，以免影响试验的精度。

项目五　钢材检测

任务一　钢筋拉伸试验

任务导入

武汉某房屋工程公司购进了一批同一牌号、同一炉罐号、同一规格、同一进厂时间的热轧带肋钢筋 200 t，准备用于某房屋的主体结构，依据国标《建设用钢材》的有关要求取样，并开展相关试验检测其性能指标是否符合国标的有关规定和设计要求。

任务目标

1. 理解拉伸试验的目的和意义。
2. 能正确使用试验设备与仪器。
3. 了解建筑钢材的相关知积。
4. 熟练掌握试验的过程。
5. 依据标准会对试验结果分析与评定。

相关知识

钢筋是钢筋混凝土结构中主要受力材料，钢筋质量是否符合标准，直接影响建筑结构的使用和安全。钢筋种类很多，一般按化学成分、生产工艺、轧制外形、供应形式、直径大小，以及在结构中的用途进行分类，截面通常为圆形，按外形分为光圆钢筋和带肋钢筋两种，在混凝土中主要承受拉应力。

（1）钢筋混凝土用热轧光圆钢筋。

热轧光圆钢筋是指经热轧成型，横截面通常为圆形，表面光滑的成品钢筋。钢筋牌号由 HPB+屈服强度特征值构成，钢筋的屈服强度、抗拉强度、断后伸长率等力学性能特征值应符合 GB 1499.1—2008《钢筋混凝土用钢　第 1 部分：热轧光圆钢筋》的要求，见表 5.1。

（2）钢筋混凝土用热轧带肋钢筋。

热轧带肋钢筋是指经热轧成型，横截面为圆形，表面带肋的混凝土结构用钢材。钢筋牌号由 HRB+屈服强度特征值构成，钢筋的屈服强度、抗拉强度、断后伸长率等力学性能特征值应符合 GB 1499.2—2007《钢筋混凝土用钢　第 2 部分：热轧带肋钢筋》的要求，见表 5.2。

表 5.1　钢筋混凝土用热轧光圆钢筋

牌　号	屈服强度 /MPa	抗拉强度 /MPa	断后伸长率 /%	最大力总伸长率 /%	冷弯试验180° d—弯芯直径 a—钢筋公称直径
			不小于		
HPB235	235	370	25.0	10.0	$d=a$
HPB300	300	420			

表 5.2　钢筋混凝土用热轧带肋钢筋

牌　号	屈服强度 /MPa	抗拉强度 /MPa	断后伸长率 /%	最大力总伸长率 /%
		不小于		
HRB335 HRBF335	335	455	17	
HRB400 HRBF400	400	540	16	7.5
HRB500 HRBF500	500	630	15	

操作活动

一、标　准

GB 1499.1—2008《钢筋混凝土用钢　第 1 部分：热轧光圆钢筋》；
GB 1499.2—2007《钢筋混凝土用钢　第 2 部分：热轧带肋钢筋》；
GB/T 228.1—2010《金属材料　拉伸试验　第 1 部分：室温试验方法》。

二、试验原理

该试验用拉力拉伸试样，一般拉至断裂，测定钢筋的一项或几项力学性能。

除非另有规定，试验一般在室温 10～35 ℃ 范围内进行。对温度要求严格的试验，试验温度应为 23 ± 5 ℃。

三、试验目的

通过拉伸试验，可求得钢筋的屈服强度、抗拉强度、伸长率等指标，它是评定钢筋质量是否合格的试验项目之一，为确定和检验钢材的力学及工艺性能提供依据。

四、仪器设备

（1）万能材料试验机；
（2）游标卡尺；
（3）钢筋标距打点仪、夹头等。

五、操作活动要求

分组进行试验检测：分6个小组，每组4~6人（每组自行选出小组长、记录员、操作员及组员，大家互相配合并轮换共同完成本试验。小组长不变。）

六、试验步骤

（1）准备试样。

① 在每批钢筋中任取两根，在距钢筋端部50 cm处各取一根试样。

② 在试验前，先将材料制成一定形状的标准试样，如图5.1所示。试样一般应不经切削加工。受拉力机吨位的限制，直径为22~40 mm的钢筋可进行切削加工，制成直径（标距部分直径d_0）为20 mm的标准试样。试样长度：拉伸试样分短试件为$5d_0 + 200$ mm，或长试件为$10d_0 + 200$ mm。直径$d_0 = 10$ mm的试样，其标距长度$l_0 = 200$ mm（长试样，δ_{10}）或100 mm（短试样，δ_5）；标距部分到头部的过渡必须缓和，其圆弧尺寸R最小为5 mm；$l = 230$ mm（长试样）或130 mm（短试样）；$h = 50~70$ mm。

③ 标距部分直径d_0的允许偏差为不大于±0.2 mm；标距部分长度l_0的允许偏差为不大于±0.1 mm；试样标距长度内最大直径与最小直径的允许偏差为0.05 mm。

（2）根据试样的横截面积确定试样的标距长度。然后在标距的两端用不深的冲眼刻画出标志，并按试样标距长度，每隔5~10 mm作一分格标志，以便计算试样的伸长率时用。

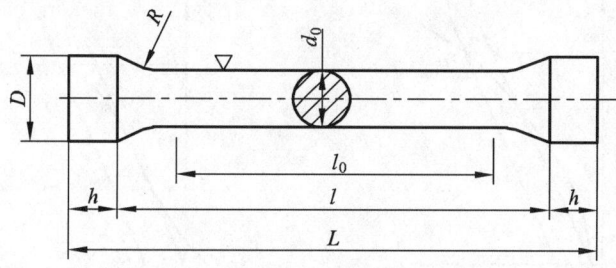

图5.1 拉伸试验标准试件

（3）确定未经车削的试样截面面积A_0（mm²）。应按式（5.1）求得：

$$A_0 = \frac{1\,000\,Q}{7.85\,l} \tag{5.1}$$

式中 Q——钢筋的质量（g）；

l——钢筋的长度（mm）。

（4）将试样安置在万能试验机的夹头中，试样应对夹头的中心，试样轴线应绝对垂直，然后进行拉伸试验，测定试样的屈服点（有明显屈服现象的材料）、屈服强度（没有明显屈服现象的材料）、抗拉强度和伸长率。

① 屈服点的测定。

a. 当测定屈服点时，在向试样连续而均匀地施加负荷的过程中，在液压式试验机上，当负荷指示器上的指针停止转动或开始回转（在杠杆式试验机上，杠杆平衡或开始明显下落）时，最大或最小负荷读数，即为屈服负荷F_s值。

b. 屈服点也可以从试验机自动记录的负荷-伸长曲线上确定。屈服负荷系位于曲线上的一点,该点相当于负荷不变而试验继续伸长时的平台[图 5.2(a)],或负荷开始下降而试样继续伸长的最高或最低点[图 5.2(b)],但此时曲线图纵坐标每 1 mm 长度所代表的应力不得大于 10 MPa。

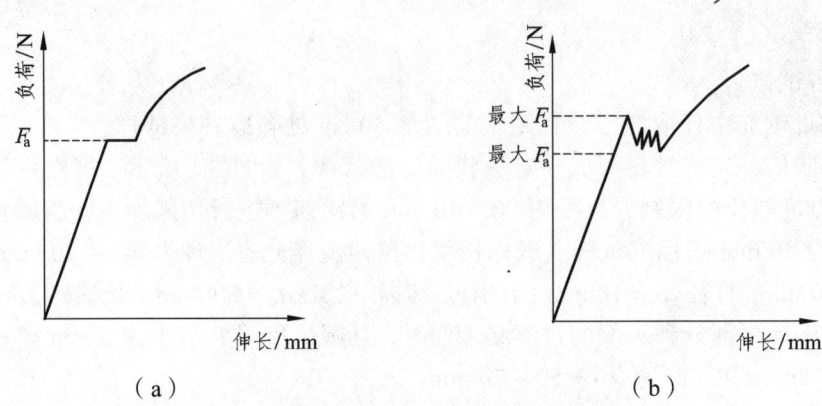

(a)　　　　　　　　　　　　(b)

图 5.2　负荷-伸长曲线上屈服点的确定示意图

② 屈服强度的测定。

对拉伸曲线无明显屈服现象的材料(见图 5.3)必须测定其屈服强度。

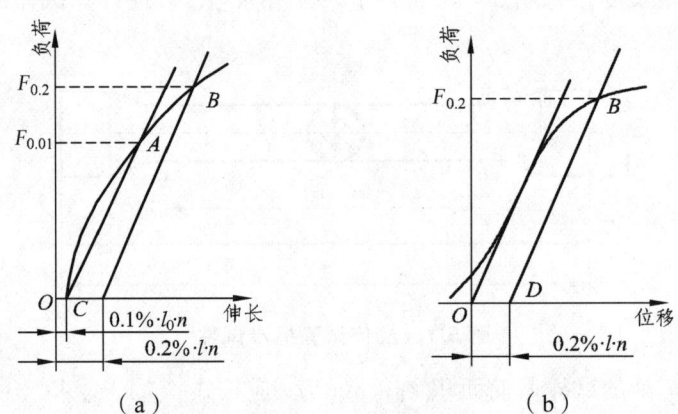

(a)　　　　　　　　　　　　(b)

图 5.3　无屈服平台的应力-应变曲线

屈服强度 $f_y(0.2)$——试样在拉伸过程中标距部分残余伸长达到原标距长的 0.2% 时的应力。屈服强度可用图解法或引伸计法测定。

a. 图解法。

● 将制备好的试样安装于夹头中,试样标距部分不得夹入钳口中,试样被夹长部不小于钳口的 2/3。

● 试样被夹紧后,把自动绘图装置或电子引伸计调整好,处于工作状态;然后向试样连续均匀而无冲击地施加荷载,此时自动记录装置或电子引伸计绘出拉伸曲线。达到规定的要求停止试验,卸去试样,关闭机器。

● 在自动记录装置(配合电子引伸计)绘出的或根据在荷载下活动夹头移动距离或根据从测力度盘与示值引伸计读得的荷载与伸长值而绘出的拉伸曲线图 5.4 上,自初始弹性直线段与横坐标轴的交点 O 起截取一等于规定残余伸长的距离 OD，再从 D 点作平行于弹性直线段的 DB 线交拉伸曲线于 B 点，对应于此点的荷载即所求规定残余伸长应力荷载 $F_{0.2}$。此时对于上述两种曲线应分别在引伸计基础长度 l_0 及试件平行长度 l 上求得规定残余伸长。前一种曲线的伸长放大倍数应不低于 50 倍，后者的夹头位移放大倍数可适当放低。而荷载坐标轴每毫米所代表的应力不大于 10 MPa。

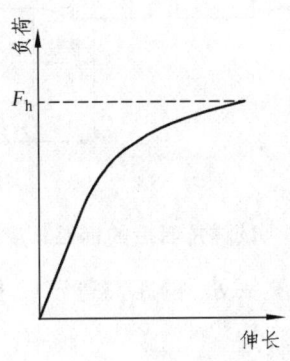

图 5.4　拉伸曲线

b. 引伸计法。

将试样固定在夹头内，施加约相当于屈服强度 10% 的初负荷 F_0，安装引伸计。继续施荷至 $2F_0$；保持 5~10 s 后再卸荷至 F_0，记下引伸计读数作为条件零点。以后按如下两种方法往复加、卸荷（卸荷至 F_0）或连续施荷，直至实测或计算的残余伸长等于或大于规定残余伸长为止。

• 卸荷法。

从 F_0 起第一次负荷加至使试样在引伸计基础长度内的部分所产生的总伸长

$$0.2\% \cdot l_e \cdot n = （1~2）\text{分格}$$

式中，第一项为规定残余伸长，第二项为弹性伸长。在引伸计上读出首次卸荷至 F_0 时的残余伸长，以后每次加荷应使试样产生的总伸长为：前一次总伸长加上规定残余伸长与该次残余伸长（卸荷至 F_0）之差，再加上 1~2 分格的弹性伸长增量。

• 直接加荷法。

从 F_0 起按测定 f_{y0} 所述方法逐级施荷，求出弹性直线段相应于小等级负荷的平均伸长增量，由此计算出偏离直线段后的各级负荷的弹性伸长。从总伸长减去弹性伸长即残余伸长。

③ 抗拉强度的测定。

a. 将试样安置在拉力机上，连续施加负荷到拉断为止，此时从负荷指示器上读出的最大负荷即为抗拉强度的负荷 F_b。

b. 试样拉断后标距长度 l_1 测量，将试样拉断后的两段在拉断处紧密对接起来，尽量使其轴线位于一条直线上。如接断处由于各种原因形成缝隙，则此缝隙应计入试样拉断后的标距部分长度内。l_1 用下述方法之一测定：

• 直测法：如拉断处到邻近标距端点的距离大于 $\frac{1}{3}l_0$ 时，可直接测量两端点间的距离。

• 移位法：如拉断处到邻近标距端点的距离小于或等于 $\frac{1}{3}l_0$ 时，则可按下法确定 l_1。

在长段上从拉断处 O 取基本等于短端格数，得 B 点，接着取等于长段所余格数[偶数，图 5.5（a）]之半，得 C 点；或者取所余格数[奇数，图 5.5（b）]减 1 或加 1 之半，得 C 或 C_1 点，移位后的 l_1 分别为 $AO+OB+2BC$ 或者 $AO+OB+BC+BC_1$。

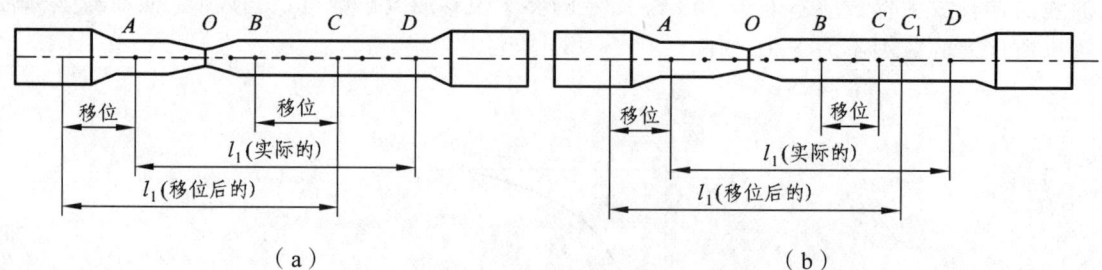

（a） （b）

图 5.5 试样拉断后的标距长度测量

④ 如试样裂断处与其头部（或夹头处）的距离等于或小于试样直径的 2 倍，则试验无效。

七、试验数据处理

屈服点：
$$f_y = \frac{F_s}{A_0} \tag{5.2}$$

式中 F_s——相当于所求应力的负荷（N）；
　　　A_0——试样的原横截面面积（mm^2）；
　　　f_y——屈服强度（MPa），计算精确度应达 1 MPa。

硬钢和线材的屈服点：
$$f_{y(0.2)} = \frac{F_{0.2}}{A_0} \tag{5.3}$$

式中 $F_{0.2}$——相当于所求应力的负荷（N）；
　　　A_0——试样的原横截面面积（mm^2）；
　　　$f_{y(0.2)}$——硬钢和线材的屈服点（MPa），计算精度与 f_y 相同。

抗拉强度：
$$f_u = \frac{F_b}{A_0} \tag{5.4}$$

式中 F_b——试样拉断前的最大负荷（N）；
　　　A_0——试样的原横截面面积（mm^2）；
　　　f_u——试样的抗拉强度（MPa），计算精度与 f_y 相同。

伸长率：
$$\delta_n = \frac{l_1 - l_0}{l_0} \times 100 \tag{5.5}$$

式中 l_1——试样拉断后标距部分的长度（mm）；
　　　l_0——试样的原标距长度（mm）；
　　　n——长试样及短试样的标志，长试样 $n=10$，伸长率为 δ_5；

$δ_n$——试样的伸长率,计算精度应达 0.5%。

八、试验记录

钢筋拉伸试验记录表格见表 5.3。

表 5.3 钢筋拉伸及冷弯试验记录

项目名称							材料产地			进场日期			
使用范围			代表数量				试验规程编号			试验日期			
编号钢筋牌号(炉批号)	公称直径/mm	公称截面面积/mm²	强度试验				塑性试验			冷弯试验			结论
			屈服荷载/kN	屈服强度/MPa	极限荷载/kN	极限强度/MPa	原始标距/mm	断后标距/mm	伸长率/%	弯曲角度/(°)	弯心直径/mm	弯曲支座距离/mm	
检验结论							试验单位						

试验者_____ 组别_____ 成绩_____ 试验日期_____

九、评价拉伸结果

钢筋拉伸试验的两根试样中,如其中一根试样的屈服强度、抗拉强度、伸长率三个指标中,有一个指标不符合规定要求的,即为拉力试验不合格。应再取双倍数量的试样重新测定三个指标。在第二次拉伸试验中,如仍有一个指标不符合规定,不论这个指标在第一次试验中是否合格,拉力试验项目也作为不合格,该批钢筋即为不合格品。如果各项指标符合规定,再结合冷弯试验结论进行该组钢筋的检验结果评价。

思考练习题

1. 如何得到钢筋的屈服强度?
2. 计算伸长率时,原始标距如何确定?试举例说明。

成绩评定

序号	检测项目	检测内容及要求	配分	学员自评	学员互评	教师评分	得分
		任务评价					
1	职业修养	安全、纪律	10				
2		文明、礼仪、行为习惯	5				
3		工作态度	5				
4	专业能力	团队意识、沟通与交流	10				
5		检查仪器、设备	10				
6		按规定取样、缩分、烘干	10				
7		正确称量、静置、淘洗、烘干	20				
8		试验数据记录、计算	20				
9		结果是否符合设计要求	10				
综合评价							

知识拓展

试验速度的控制：

在弹性变形阶段，金属的变形量很小而拉伸荷载迅速增大。这时候如果以横梁位移控制来做拉伸试验，那么速度太快会导致整个弹性段很快就被冲过去。以弹性模量为 200 GPa 的普通钢材为例，如果标距为 50 mm 的材料，在弹性段内如以 10 mm/min 的速度进行拉伸试验，那么实际的应力速率为 200 000 MPa/s×10 mm/min×1 min/60 s×1/50 mm = 666 MPa/s。一般的钢材屈服强度就小于 600 MPa，所以只需要 1 s 就把试样拉到了屈服，这个速度显然太快。所以在弹性段，一般都选择采用应力速率控制或者负荷控制。塑性较好的材料试样过了弹性段以后，荷载增加不大，而变形增加很快，所以为了防止拉伸速度过快，一般采用应变控制或者横梁位移控制。所以在 GB 228.1—2010《金属材料 拉伸试验 第 1 部分：室温试验方法》里面建议了："在弹性范围和直至上屈服强度，试验机夹头的分离速率应尽可能保持恒定并在规定的应力速率的范围内（材料弹性模量 $E < 150\ 000\ \text{N/mm}^2$，应力速率控制范围为 2～20 MPa/s、材料弹性模量 $E \geq 150\ 000\ \text{N/mm}^2$，应力速率控制范围为 6～60 MPa/s。若仅测定下屈服强度，在试样平行长度的屈服期间应变速率应在 0.000 25/s～0.002 5/s。平行长度内的应变速率应尽可能保持恒定。

任务二 钢筋冷弯试验

任务导入

武汉某房屋工程公司购进了一批同一牌号、同一炉罐号、同一规格、同一进厂时间的热轧带肋钢筋 200 t，准备用于某房屋的主体结构，依据国标《建设用钢材》的有关要求取样，并开展相关试验检测其性能指标是否符合国标的有关规定和设计要求。

任务目标

1. 了解建筑钢材的相关知识。
2. 理解冷弯试验的目的和意义。
3. 能正确使用试验设备与仪器。
4. 熟练掌握试验的过程。
5. 依据标准会对试验结果分析与评定。

相关知识

钢材的主要性能包括力学性能和工艺性能。其中力学性能是钢材最重要的使用性能，包括强度、弹性、塑性和耐疲劳性等。工艺性能表示钢材在各种加工过程中的行为，包括冷弯性能和可焊性等。

冷弯性能是指钢材在常温下承受弯曲变形的能力，以试验时的弯曲角度和弯心直径为指标表示。

钢材的冷弯试验是通过直径（或厚度）为 a 的试件，采用标准规定的弯心直径 D（$D = na$，n 为整数），弯曲到规定的角度时（180°或 90°），检查弯曲处有无裂纹、断裂及起层等现象。若没有这些现象则认为冷弯性能合格。钢材冷弯时的弯曲角度 α 越大，d/a 越小，则表示冷弯性能越好。

一、标　准

GB 1499.1—2008《钢筋混凝土用钢　第 1 部分：热轧光圆钢筋》；
GB 1499.2—2007《钢筋混凝土用钢　第 2 部分：热轧带肋钢筋》；
GB/T 232—2010《金属材料　弯曲试验方法》。

二、试验原理

弯曲试验是以圆形、方形、矩形或多边形横截面试样在弯曲装置上经受弯曲塑性变形，不改变加力方向，直至达到规定的弯曲角度。

弯曲试验时，试样两臂的轴线保持在垂直于弯曲轴的平面内。

试验一般在室温 10～35 °C 范围内进行。对温度要求严格的试验，试验温度应为 23 ± 5 °C。

三、试验目的

检查钢材承受规定弯曲角度的弯曲变形能力，弯曲至规定角度后观察其是否有裂纹、裂缝或断裂等情况。它是评定钢筋质量是否合格的试验项目之一,为确定和检验钢材的力学及工艺性能提供依据。

四、仪器设备

(1)万能材料试验机;
(2)游标卡尺;
(3)冷弯支座和弯心(也可采用特制冷弯试验机)。

五、操作活动要求

分组进行试验检测:分6个小组,每组4~6人(每组自行选出小组长、记录员、操作员及组员,大家互相配合并轮换共同完成本试验。小组长不变。)

六、试验步骤

(1)准备试样。

直径为 d 的圆钢,边长为 a 的方钢,或宽度小于 100 mm、厚度为 a 的钢板,试件长度 $L = 5a + 150$ mm;试件可由试样两端或端部截取,切割线与试件实际边距离不小于 10 mm。试样中间 1/3 范围内不准有凿冲等工具刻痕或压痕;试件应在常温下切割,可用车床、铣床或锯进行加工,但加工时应防止高热,棱边必须锉圆(圆的半径不小于 2 mm);当必须采用有弯曲试样时,应用均匀压力使其压平。

(2)试验操作。

① 在试验前,测量试样尺寸是否合格。
② 选择适当的弯心直径 D,按图 5.6 所示装置,支座的净距为 $L = (D + 3a) \pm 0.5a$。
③ 上升支座使弯心与试样接触平行,而后均匀加压直至规定的角度,如图 5.7 所示。

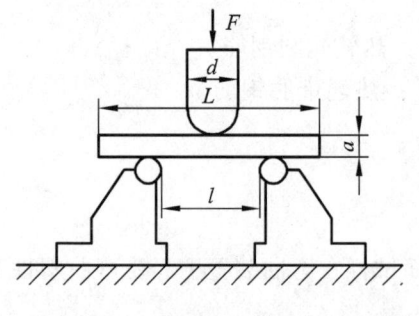

图 5.6 金属试件冷弯时的装置

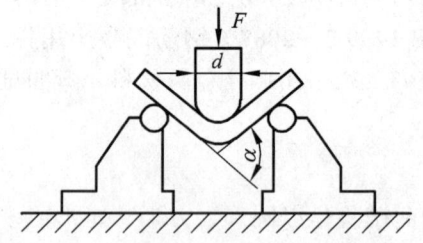

图 5.7 冷弯试验(弯曲至规定角度)

④ 如要弯成两臂平行,可一次绕弯心弯成,也可用衬垫如图 5.8(a)所示进行试验。
(5)如需压成两臂接触,可先弯成两臂平行,而后取出改放在压力机上压至试件两面两臂接触为止,如图 5.8(b)所示。
(6)压至规定条件后,检查试件弯曲处外部有无裂纹、起层分化或断裂等情况。

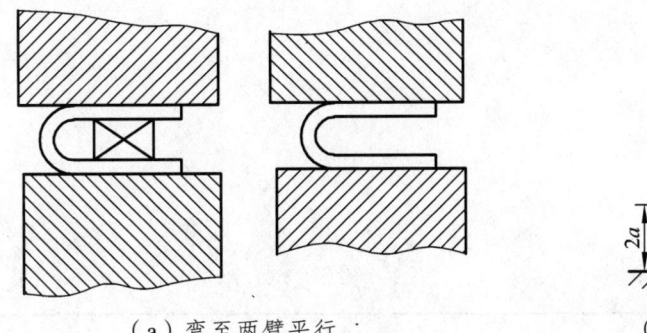
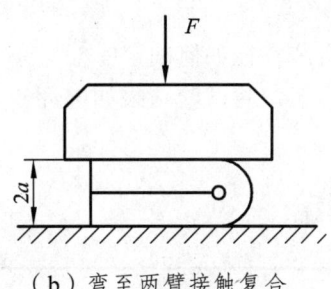

（a）弯至两臂平行　　　　　　（b）弯至两臂接触复合

图 5.8　冷弯试验

七、试验记录

建筑钢材冷弯试验记录格式参见表 5.4。

表 5.4　建筑钢材冷弯试验记录

试样编号				试样来源			
试样名称				拟作用途			
试验次数	试件尺寸/mm			弯心直径 D/mm	跨度 L/mm	弯折角度 α/(°)	试验结果
	宽（b）	厚（a）	长（L）				
1							
2							
3							

试验者_____　　组别_____　　成绩_____　　试验日期_____

八、试验结果评定

金属弯曲试验结果评定方法：

① 完好：试样弯曲处的外表面金属基体上无肉眼可见因弯曲变形产生的缺陷时称为完好。

② 微裂纹：试样弯曲外表面金属基体上出现的细小裂纹，其长度不大于 2 mm，宽度不大于 0.2 mm 时称为微裂纹。

③ 裂纹：试样弯曲外表面金属基体上出现开裂，其长度大于 2 mm 而不大于 5 mm，宽度大于 0.2 mm 而不大于 0.5 mm 时称为裂纹。

④ 裂缝：试样弯曲外表面金属基体上出现明显开裂，其长度大于 5 mm，宽度大于 0.5 mm 时称为裂缝。

⑤ 裂断：试样弯曲外表面出现沿宽度贯穿的开裂，其深度超过试样厚度的 1/3 时称为裂断。

注：在微裂纹、裂纹、裂缝中规定的长度和宽度，只要有一项达到某规定范围，即应按该级评定。

思考练习题

1. 弯芯直径如何确定？
2. 金属弯曲试验结果如何评定？

成绩评定

序号	检测项目	检测内容及要求	配分	学员自评	学员互评	教师评分	得分
		任务评价					
1	职业修养	安全、纪律	10				
2		文明、礼仪、行为习惯	5				
3		工作态度	5				
4	专业能力	团队意识、沟通与交流	10				
5		检查仪器、设备	10				
6		按规定取样、缩分、烘干	10				
7		正确称量、静置、淘洗、烘干	20				
8		试验数据记录、计算	20				
9		结果是否符合设计要求	10				
综合评价							

任务三　金属洛氏硬度试验

任务导入

在日常生活中，几乎所有的机械产品都离不开紧固件的连接。紧固件包括螺栓、螺柱、螺母、螺钉、紧固件-组合件等 12 大类，是量大面广的机械基础件，其产品质量对整个主体结构工作性能和结构安全性起着极其重要的作用，而硬度是考核紧固件机械性能的重要指标。如我们做钢筋拉伸试验时对钢筋起夹持作用的夹头，若硬度偏低，夹头就很容易被拉毛，钢筋就夹不牢固，试验也没办法完成；硬度过高，会导致塑性下降，延伸率小，易断裂，影响使用寿命。

由此看来，硬度试验对金属材料机械性能的评价具有重要意义。但硬度值并不是越高越好。硬度过低，抗拉强度相应下降，达不到设计需要的机械性能，且耐磨性下降；硬度过高，又会导致塑性下降，脆性增大，且加工困难，生产效率低，还降低了产品的耐疲劳性能。因此针对不同的性能材料要对产品的硬度控制在一个合理的水平。

任务目标

1. 理解硬度试验的目的和意义。
2. 能正确使用试验设备与仪器。
3. 熟练掌握试验的过程。
4. 依据标准会对试验结果分析与评定。

相关知识

金属的硬度，是指金属表面局部体积内抵抗因外物压入而引起的塑性变形的能力，硬度越高表示金属抵抗变形的能力越强，金属产生塑性变形越困难。

硬度是材料机械性能的重要指标之一，能反映金属材料的综合力学性能。他不仅从金属表面层的一个局部反映了材料的强度（抵抗局部变形，特别是塑性变形的能力），同时也反映了材料的塑性（压痕的大小或深浅）。

操作活动

一、标　准

GB/T 230.1—2009《金属材料　洛氏硬度试验试验　第1部分：试验方法（A、B、C、D、E、F、F、G、H、K、N、T标尺）》；

GB/T 230.2—2012《金属材料　洛氏硬度试验　第2部分：硬度计（A、B、C、D、E、F、F、G、H、K、N、T标尺》的检验与校准；

GB/T 230.3—2012《金属材料　洛氏硬度试验　第3部分：标准硬度块（A、B、C、D、E、F、F、G、H、K、N、T标尺）的标定》。

二、试验原理

用有一定顶角（例如120°）的金刚石圆锥体压头或一定直径 D 的淬硬钢球，在一定负荷 P 作用下压入试件表面，保持一段时间后卸去载荷，在试件表面将会留下某个深度的压痕。由洛氏硬度机自动测量压坑深度并以硬度值读数显示（显然，压坑越深，硬度越低，表示的洛氏硬度值越小）。根据压头与负荷的不同，洛氏硬度还分为 HRA、HRB、HRC 三种，其中以 HRC 为最常用。

洛氏硬度应选择在较小的温度变化范围内进行，因为温度变化可能会对试验结果有影响。所以试验一般规定在 10~35 ℃ 的室温进行。试样应平稳地放置在刚性支承物上，并使压头轴线与试样表面垂直。避免试样产生位移。使压头与试样表面接触，在无冲击和振动的情况下施加试验力，初试验力保持不应超过 3 s。将测在不小于 1 s 且不大于 8 s 的时间内，从初试验力增加到总试验力，并保持 4±2 s，然后卸除主试验力，保持初试验力，经过短暂稳定后，进行读数。为了读数准确，在试验过程中，硬度计应避免受到任何冲击和震动。

注意事项：
① 试样表面须平坦，无油脂、污垢、刮伤等，测定面要与底面平行。
② 试验时须在同一表面求取数点硬度，同一点不可重复使用试验。
③ 两压痕间的距离须在压痕直径的 4 倍以上，并且不小于 2 mm，任一压痕中心距试样边缘的距离至少为压痕直径的 2.5 倍，且不小于 1 mm。
④ 试样材料不明时，应以 HRA—HRB—HRC 的顺序测试，以免损伤压痕器。
⑤ 各部分的操作宜缓慢进行，避免振动及出声，以免降低精确度及压痕器。

三、试验目的

测定金属材料的硬度值，利用所得的硬度值分析材料的机械性能。

四、仪器设备

（1）洛氏硬度试验机；
（2）压头（金刚石圆锥或钢球）、荷重块、试验台等。

五、操作活动要求

分组进行试验检测：分 6 个小组，每组 4~6 人（每组自行选出小组长、记录员、操作员及组员，大家互相配合并轮换共同完成本试验。小组长不变。）

六、试验步骤

（1）试验在 10~30 ℃ 温度下进行。
（2）根据试件的硬度，选用试验条件，见表 5.5。

表 5.5 根据试验硬度选用试验条件

洛氏硬度标尺	采用压头	初始试验力 F_0/N	主试验力 F_1/N	总试验力 F/N	洛氏硬度范围
HRA	金刚石圆锥	98.07	490.3	588.4	20~88 HRA
HRB	1.588 钢球	98.07	882.6	980.7	20~100 HRB
HRC	金刚石圆锥	98.07	1373	1470	20~70 HRC

（3）试件的试验面、支撑面、试台表面和压头表面应清洁。试件应稳固地放置在试台上，以保证在试验过程中不产生位移及变形。
（4）在任何情况下，不允许压头与试台及支座触碰；试件支撑面、支座和试台工作面上均不得有压痕。
（5）试验时，必须保证试验力方向与试件的试验面垂直。
（6）在试验过程中，试验装置不应受到冲击和振动。
（7）施加初始试验力时，指针或指示线不得超过硬度计规定范围，否则应卸除初始试验力，在试件另一位置试验。
（8）调整示值指示器至零点后，应在 2~8 s 内施加全部主试验力。

（9）应均匀平稳地施加试验力，不得有冲击及振动。

（10）施加主试验力后，总试验力的保持时间应以示值指示器指示基本不变为准。总试验力保持时间推荐如下：

对于施加主试验力后不随时间继续变形的试件，保持时间为 1~3 s。

对于施加主试验力后随时间缓慢变形的试件，保持时间为 6~8 s。

对于施加主试验力后随时间明显变形的试件，保持时间为 20~25 s。

（11）达到要求的保持时间后，在 2 s 内平稳地卸除主试验力，保持初始试验力，从相应的标尺刻度上读出硬度值。

（12）两相邻压痕中心间距离至少应为压痕直径的 4 倍，但不得小于 2 mm。任一压痕中心距试样边缘距离至少应为压痕直径的 2.5 倍，但不得小于 1 mm。

（13）在每个试件上的试验点数应不少于 4 点（第一点不记）。对大批量试件的检验，点数可适当减少。

七、试验记录

硬度试验记录见表 5.6。

表 5.6　硬度试验记录

见证单位					试件名称				
见 证 人					试验项目				
试样产地					代表批量				
检验依据					标准值（HRA）				
试样编号	试验值（HRA）			平均值（HRA）	试样编号	试验值（HRA）			平均值（HRA）
	1	2	3			1	2	3	
1					10				
2					11				
3					12				
4					13				
5					14				
6					15				
7					16				
8					17				
9					18				
结论：					备注				

试验者_____　　组别_____　　成绩_____　　试验日期_____

八、试验数据处理

由于压痕小，测定结果波动较大，稳定性较差，故需测试多点，取其后三点的算术平均值作为该试件的硬度代表值，计算值精确至0.5。

思考练习题

1. 对金属材料进行硬度试验有何意义？
2. 金属材料的硬度是否越高越好？

成绩评定

任务评价							
序号	检测项目	检测内容及要求	配分	学员自评	学员互评	教师评分	得分
1	职业修养	安全、纪律	10				
2		文明、礼仪、行为习惯	5				
3		工作态度	5				
4	专业能力	团队意识、沟通与交流	10				
5		检查仪器、设备	10				
6		按规定取样、缩分、烘干	10				
7		正确称量、静置、淘洗、烘干	20				
8		试验数据记录、计算	20				
9		结果是否符合设计要求	10				
综合评价							

项目六 沥青材料

任务一 沥青针入度

案例导入

某高速公路路面工程施工现场所在气候分区是夏热区2~3区,由于没选择好符合针入度要求的沥青,施工后路面出现严重质量问题,需要返工,造成重大经济损失。

任务目标

1. 理解沥青材料的相关知识。
2. 掌握沥青针入度的概念。
3. 会使用试验设备与仪器。
4. 会对试验结果进行分析与评定。
5. 能正确熟练完成试验操作。

相关知识

一、沥青材料

沥青材料是由极其复杂的高分子碳氢化合物和这些碳氢化合物的非金属(氧、硫、氮)衍生物所组成的混合物。其中碳占80%~87%,氢占10%~15%,氧、硫氮小于0.3%,此外还有少量的金属元素。沥青在常温下一般呈固体或半固体,也有少数品种的沥青呈黏性液体状态,可溶于二硫化碳、四氯化碳、三氯甲烷和苯等有机溶剂,颜色为黑褐色或褐色。

沥青材料的品种很多,按其在自然界获得的方式不同,可分为地沥青和焦油沥青两大类。

1. 地沥青。

地沥青是指由地下原油演变或加工而得到的沥青,又分为天然沥青和石油沥青。

(1)天然沥青是指由于地壳运动使地下石油上升到地壳表层聚集或渗入岩石空隙,再经过一定的地质年代,轻质成分挥发后的残留物。

(2)石油沥青则是将石油原油分馏出各种产品后的残渣加工而成的。我国天然沥青很少,故石油沥青是使用量最大的一种沥青材料。

2. 焦油沥青。

焦油沥青是干馏有机燃料(煤、页岩、木材料等)所收集的石油再经加工而得到的一种沥青材料，按干馏原料的不同，焦油沥青可分为煤沥青、页岩沥青、木沥青和泥岩沥青。工程上常用的焦油沥青是煤沥青。

沥青材料是这类材料的总称。它具有良好的憎水性、黏结性和塑性，可用以防水、防潮，因而广泛地应用于道路和水利工程。通常所讲的沥青是石油沥青，其他沥青都要在沥青两字前加上名称以示区别，如煤沥青、页岩沥青等。在道路建筑中最常用的主要是石油沥青和煤沥青两类，其次是天然沥青。

二、石油沥青的组成

1. 元素组成。

石油沥青是由多种碳氢化合物及其非金属（氧、硫、氮）的衍生物组成的混合物。它的分子表达通式为 $C_nH_{2n+a}O_bS_cN_d$。化学组成主要是碳（80%~87%）、氢（10%~15%）；其次是非烃元素，如氧、硫、氮等（<3%）；此外，还含有一些微量的金属元素，如镍、钒、铁、锰、镁、钠等，但含量都极少，约为几个至几十个 ppm（1 ppm = 10^{-6}）。

由于石油沥青的化学组成结构的复杂性，许多元素分析结果非常近似的石油沥青，它们的性质却相差很大。这主要是因为沥青中所含烃类基属的化学结构不同。近来的一些研究结果表明，石油沥青中所含碳原子和氢原子的数量之比（称为碳氢比，C/H），在一定程度上能说明沥青结构单元中组成烃类基属含量的大致比例，从而可间接地了解石油沥青化学组成结构的概貌。

2. 石油沥青的化学组分。

目前的分析技术尚难将沥青分离为纯粹的化合物单体。为了研究石油沥青化学组成与使用性能之间的联系，从工程角度出发，将沥青所含烃类化合物中化学性质相近的成分归类分析，从而划分为若干组，称为"沥青化学组分"，简称"组分"。

将沥青分为不同组分的化学分析方法称为组分分析法。组分分析是利用沥青在不同有机溶剂中的选择性溶解或在不同吸附剂上的选择性吸附等性质。

沥青组分划分方法较多。早年，丁·马尔库松（德国）就提出将石油沥青分离为沥青酸、沥青酸酐、油分、树脂、沥青质、沥青碳和似碳物等组成的方法；后来经过许多研究者的改进，美国的 L.R 哈巴尔德和 K.E 斯坦费尔德完善为三组分分析法；再后 L.W. 科尔贝特（美国）又提出四组分分析法。

(1) 三组分分析法。

石油沥青的三组分分析法是将石油沥青分离为油分、树脂、沥青质三个组分。因我国富产石蜡基和中间基沥青，在油分中往往含有蜡，故在分析时还应将油蜡分离。这种分析方法称为溶解-吸附法。

溶解-吸附法的优点是组分分解明确，组分含量能在一定程度上说明沥青的路用性能，其分析示意图见图6.1。但是它的主要缺点是分析流程复杂，分析时间长。

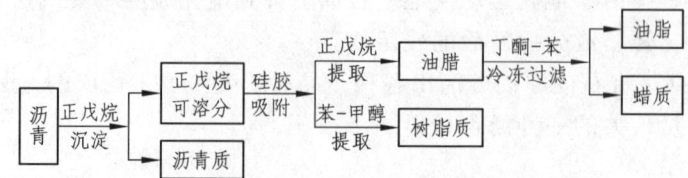

图 6.1 三组分分析法石油沥青分析流程图

按三组分分析法所得各组分的性状见表 6.1。

表 6.1　石油沥青三组分分析法的各组分的性状

组分 \ 性状	外观特征	平均分子量 M_w	碳氢比 C/H	物化特征
油　分	淡黄色透明液体	200～700	0.5～0.7	几乎可溶解于大部分有机溶剂,具有光学活性,常发现有荧光,相对密度为 0.910～0.925
树　脂	红褐色黏稠半固体	800～3 000	0.7～0.8	温度敏感性高,熔点低于 100 ℃,相对密度大于 1.00
沥青质	深褐色固体末微粒	1 000～5 000	0.8～1.0	加热不溶化,分解为硬焦炭使沥青呈黑色

（2）沥青的含蜡量。

蜡在常温下呈白色晶体存在于沥青中,当温度达到 45 ℃ 就会由固态转变为液态。蜡组分的存在对沥青性能的影响,是沥青性能研究的一个重要课题。现有研究认为:由于沥青中蜡的存在,在高温时使沥青容易发软,导致沥青的高温稳定性降低,出现车辙;同样,低温时会使沥青变得脆硬,导致路面低温抗裂性降低,出现裂缝。此外,蜡会使沥青与石料黏附性降低,在水分作用下,会使路面集料与沥青产生剥落现象,造成路面破坏;更严重的是,含蜡沥青会使路面的抗滑性降低,影响路面的行车安全。

沥青的化学组分与沥青的物理、力学性质有着密切的关系,主要表现为沥青组分及其含量的不同将引起沥青性质趋向性的变化。一般认为:油分使沥青具有流动性;树脂使沥青具有塑性,树脂中含有少量的酸性树脂（即地沥青酸和地沥青酸酐）,是一种表面活性物质,能增强沥青与矿质材料表面的吸附性;沥青质能提高沥青的黏结性和热稳定性。

三、石油沥青的技术性质

黏滞性（黏性）：

黏滞性是指沥青在外力作用下抵抗变形的能力。它反映了沥青内部组分阻碍其相对流动的特性。沥青受到外力作用后表现的变形,是由于沥青中组分胶团发生变形或胶团之间产生相互位移所致。

各种石油沥青的黏滞性变化范围很大,黏滞性的大小与组分和温度有关。当沥青质含量较高,又含有适量的树脂、少量的油分时,则黏滞性较大。在一定温度范围内,当温度升高时,黏滞性随之降低,反之则增大。

黏滞性是与沥青路面力学性质联系最密切的一种性质。在现代交通条件下,为防止路面出现车辙,沥青黏度的选择是首要考虑的参数,沥青的黏滞性通常用黏度表示。

（1）针入度。

针入度是测定黏稠石油沥青黏结性的常用技术指标,采用针入度仪测定（见图 6.2）。沥青的针入度是在规定的温度和时间内,附加一定质量的标准针垂直灌入试样的深度,以 0.1 mm 表示。试验条件以 $P(T, m, t)$ 表示其中 P 为针入度,T 为试验温度,m 为荷载重,t 为贯入时间。针入度值越小,表示黏度越大。

现行《公路工程沥青及沥青混合料试验规程》规定：标准针和针连杆组合件的总质量为 50±0.05 g，另加 50±0.05 g 的砝码一个，试验时总质量 100±0.05 g，试验温度为 25 °C（当计算针入度指数 PI 时可采用 15 °C、30 °C、25 °C 或 5 °C），标准针为贯入时间 5 s。例如：某沥青在上述条件时测得针入度为 65（0.1 mm），可表示为：

$$P(25\ ℃, 100\ g, 5\ s) = 65\ (0.1\ mm)$$

我国现行使用的黏稠沥青技术标准中，针入度是划分沥青技术等级的主要指标。针入度值越大，表明沥青越软（稠度越小）。

（2）黏度。

黏度又称黏滞度，是测定液体沥青黏结性的常用技术指标。

黏度是指沥青试样在规定温度下，通过规定孔径，流出 50 mL 试样所需的时间，以 s 为单位。我国目前采用道路标准黏度计测定（见图 6.3）。

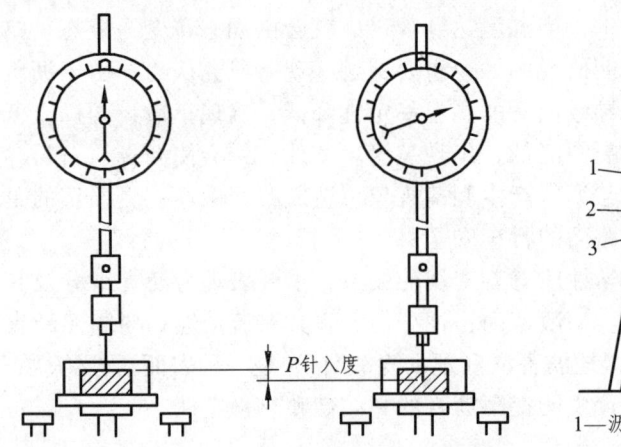

图 6.2 针入度法测定黏稠沥青针入度示意图

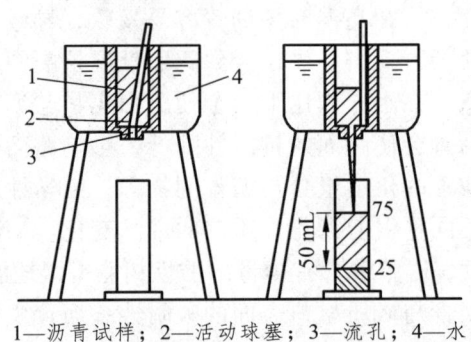

1—沥青试样；2—活动球塞；3—流孔；4—水

图 6.3 标准黏度计测定液体沥青示意图

根据《公路工程沥青及沥青混合试验规程》规定：液体状态的沥青材料，在标准黏度计中，于规定的温度条件下（20 °C、25 °C、30 °C 或 60 °C），通过规定的流孔直径（3 mm、4 mm、5 mm 及 10 mm）流出 50 mL 体积沥青所需的时间（s），以 $C_{T,d}$ 表示。其中 C 为黏度，T 为试验温度，d 为流孔直径。例如，某沥青在 60 °C 时，自 5 mm 孔径流出 50 mL 沥青所需时间为 100 s，表示为 $C_{60,5} = 100$ s。在相同温度和相同流孔条件下流出时间越长，表示沥青黏度越大。

我国液体沥青是采用黏度来划分技术等级的。

操作活动

沥青针入度试验（T 0604—2011）

一、试验目的及适用范围

（1）沥青的针入度是在规定温度和时间内，附加一定质量的标准针垂直穿入试样的深度，

单位为 $\frac{1}{10}$ mm。

针入度指数用以描述沥青的温度敏感性，宜在 15 ℃、25 ℃、30 ℃ 等三个或三个以上温度条件下测定，若 30 ℃ 的针入度值过大，可采用 5 ℃ 代替。当量软化点 $T800$ 是相当于沥青针入度为 800 时的温度，用以评价沥青的高温稳定性。当量脆点 $T1.2$ 是相当于沥青针入度为 1.2 时的温度，用以评价沥青的低温抗裂性能。

（2）本方法适用于测定道路石油沥青、改性沥青针入度以及液体石油馏化或乳化沥青蒸发后残留物的针入度。用本方法评定聚合物改性沥青的改性效果时，仅适用于融混均匀的样品。

二、仪器设备

（1）针入度仪：凡能保证针和针连杆在无明显摩擦下垂直运动，并能使指示针贯入深度准确至 0.1 mm 的仪器均可使用。针和针连杆组合件总质量为 50 ± 0.05 g，另附 50 ± 0.05 g 砝码 1 只，试验时总质量为 100 ± 0.05 g。当采用其他试验条件时，应在试验结果中注明。仪器设有放置平底玻璃保温皿的平台，并有调节水平的装置，针连杆应与平台相垂直。仪器设有针连杆制动按钮，使针连杆可自由下落。针连杆易于装拆，以便检查其质量。仪器还设有可自由转动与调节距离的悬臂，其端部有一面小镜或聚光灯泡，借以观察针尖与试样表面接触情况。当为自动针入度仪时，各项要求与此项相同，温度采用温度传感器测定，针入度值采用位移计测定，并能自动显示或记录，且应经常对自动装置的准确性进行校验。为提高测试精密度，不同温度的针入度试验宜采用自动针入度仪进行。

（2）标准针：由硬化回火的不锈钢制成，洛氏硬度 HRC = 54 ~ 60，表面粗糙度 R_a = 0.2 ~ 0.3 μm，针及针杆总质量 2.5 ± 0.05 g，针杆上应打印有号码标志，针应设有固定用装置盒（筒），以免碰撞针尖，每根针必须附有计量部门的检验单，并定期进行检验，其尺寸及针头如图 6.4 所示。

（3）盛样皿：金属制，圆柱形平底。小盛样皿的内径 55 mm，深 35 mm（适用于针入度小于 200）；大盛样皿内径 70 mm，深 45 mm（适用于针入度为 200 ~ 350）；对针入度大于 350 的试样须使用特殊盛样皿，其深度不小于 60 mm，试样体积不少于 125 mL。

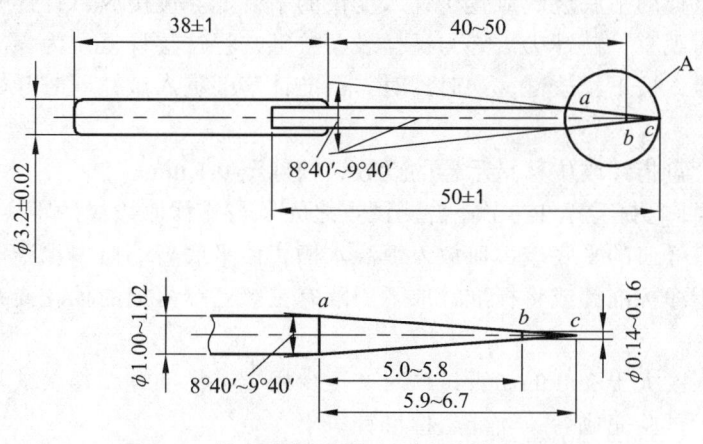

图 6.4 针入度标准针（尺寸单位：mm）

（4）恒温水槽：容量不小于 10 L，控温的准确度为 0.1 ℃。水槽中应设有一带孔的搁架，位于水面下不得少于 100 mm，距水槽底不得少于 50 mm 处。

（5）平底玻璃皿：容量不少于 1 L，深度不少于 80 mm，内设有一不锈钢三脚支架，能使盛样皿稳定。

（6）温度计或温度传感器：精度为 0.1 ℃。

（7）计时器：精度为 0.1 s。

（8）盛样皿盖：平板玻璃，直径不小于盛样皿开口尺寸。

（9）溶剂：三氯乙烯等。

（10）位移计或位移传感器：精度为 0.1 mm。

（11）其他：电炉或砂浴、石棉网、金属锅或瓷把坩埚等。

三、试验准备

（1）按规定的方法准备试样。

（2）按试验要求将恒温水槽调节到要求的试验温度 25 ℃，或 15 ℃、30 ℃（5 ℃），保持稳定。

（3）将试样注入盛样皿中，试样高度应超过预计针入度值 10 mm，并盖上盛样皿盖，以防落入灰尘。盛有试样的盛样皿在 15~30 ℃ 室温中冷却不少于 1.5 h（小盛样皿）、2 h（大盛样皿）或 3 h（特殊盛样皿）后，应移入保持规定试验温度 ±0.1 ℃ 的恒温水槽中，并应保温不少于 1.5 h（小盛样皿）、2 h（大盛样皿）或 2.5 h（特殊盛样皿）。

（4）调整针入度仪使之水平。检查针连杆和导轨，以确认无水和其他外来物，无明显摩擦。用三氯乙烯或其他溶剂清洗标准针，并拭干。将标准针插入针连杆，用螺丝固紧。按试验条件加上附加砝码。

四、试验步骤

（1）取出达到恒温的盛样皿，并移入水温控制在试验温度 ±0.1 ℃（可用恒温水槽中的水）的平底玻璃皿中的三脚支架上，试样表面以上的水层深度不少于 10 mm。

（2）将盛有试样的平底玻璃皿置于针入度仪的平台上。慢慢放下针连杆，用适当位置的反光镜或灯光反射观察，使针尖恰好与试样表面接触，将位移计复位为零。

（3）开始试验，按下释放键，这时计时与标准针落下贯入试样同时开始，至 5 s 时自动停止。

（4）读取刻度盘指针或位移指示器的读数，精确至 0.1 mm。

（5）同一试样平行试验至少 3 次，各测试点之间及与盛样皿边缘的距离不应少于 10 mm。每次试验后应将盛样皿的平底玻璃皿放入恒温水槽，使平底玻璃皿中水温保持试验温度。每次试验应换一根干净标准针或将标准针取下用蘸有三氯乙烯溶剂的棉花或布揩净，再用干棉花或布擦干。

（6）测定针入度大于 200 的沥青试样时，至少用 3 支标准针，每次试验后将针留在试样中，直到 3 次平行试验完成后，才能将标准针取出。

（7）测定针入度指数 PI 时，按同样的方法在 15 ℃、25 ℃、30 ℃（或 5 ℃）3 个或 3

个以上（必要时增加 10℃、20℃ 等）温度条件下分别测定沥青的针入度，但用于仲裁试验的温度条件应为 5 个。

五、试验数据处理

（1）同一试样 3 次平行试验结果的最大值和最小值之差在下列允许偏差范围内时（表6.2），计算 3 次试验结果的平均值，取整数作为针入度试验结果，以 0.1 mm 为单位。

表 6.2　沥青针入度试验精度要求

针入度/0.1 mm	允许误差/0.1 mm
0~49	2
50~149	4
150~249	12
250~500	20

当试验值不符合此要求时，应重新进行。

① 当试验结果小于 50（0.1 mm）时，重复性试验的允许差为 2（0.1 mm），再现性试验的允许差为 4（0.1 mm）。

② 当试验结果等于或大于 50（0.1 mm）时，重复性试验的允许差为平均值的 4%，再现性试验的允许差为平均值的 8%。

（2）试验记录见表 6.3。

表 6.3　沥青针入度试验记录

试样编号							
试样名称				试样来源			
				初拟用途			
试验次数	试验温度/℃	试验时间/s	试验荷载/N	指针读数			针入度 P/0.1 mm
				标准针穿入前	标准针穿入后	针入度	
1							
2							
3							
准确度校核							

试验者_____　组别_____　成绩_____　试验日期_____

六、报　告

（1）沥青的种类。
（2）沥青的稠度状态。
（3）针入度值。

思考练习题

1. 针入度试验为什么要规定试验温度、试针重量和贯入时间？
2. 针入度试验的结果数据如何进行数据修约？

成绩评定

序号	检测项目	检测内容及要求	配分	学员自评	学员互评	教师评分	得分
		任 务 评 价					
1	职业修养	安全、纪律	10				
2		文明、礼仪、行为习惯	5				
3		工作态度	5				
4	专业能力	理解沥青材料的相关知识	10				
5		掌握沥青针入度的概念	10				
6		会使用试验设备与仪器	20				
7		会对试验结果进行分析与评定	10				
8		能正确熟练完成试验操作	30				
综合评价							

知识拓展

一、石油沥青分类

可根据不同的情况对石油沥青进行分类，各种分类方法都有各自的特点和使用价值。

1. 按原油的成分分类。

原油是生产石油沥青的原材料。在炼油时所采用的原油成分不同，炼油后所得到的沥青成分也不相同。按原油所含烃类成分或硫酸含量的不同可划分为几种基本类型。

原油的分类一般是根据"关键馏分特性"和"含硫量"。可分为石蜡基原油、环烷基原油和中间基原油。

（1）石蜡基沥青。也称多蜡沥青，它是由含大量烷烃成分的石蜡基原油提炼而得。这种沥青因原油中含有大量烷烃，因此在沥青中其含量一般大于5%，有的高达10%以上。蜡在常温下往往以结晶体存在，降低了沥青的黏结性和温度稳定性；表现为软化点高、针入度小、延度低，但抗老化性能较好。如果用丙烷脱蜡，仍然可得到延度较好的沥青。

（2）环烷基沥青。也称沥青基沥青，由沥青基石油提炼而得的沥青。它含有较多的环烷烃基芳香烃，所以此种沥青的芳香性高。含蜡量一般小于2%，沥青的黏结性和塑性均较高。目前我国所产的环烷基沥青较少。

（3）中间基沥青。也称混合基沥青，中间基沥青是有蜡质介于石蜡基石油和环烷基石油之间的原油提炼而得。所含烃类成分和沥青的性质一般均界于石蜡基沥青和环烷基沥青之间。

我国石油油田分布广，但国产石油多属石蜡基和中间基原油。

2. 按加工方法分类。

（1）直馏沥青。也称残留沥青，用直馏的方法将石油在不同沸点温度得到的馏分（汽油、煤油、柴油）取出之后，最后残留的黑色液体状产品。符合沥青标准的，称为直馏沥青；不符合沥青标准，针入度大于300，含蜡量大的称为渣油。在一般情况下，低稠度原油生产的直馏沥青，其温度稳定性不足，还需要进行氧化处理才能达到黏稠石油的性质指标。

（2）氧化沥青。将常压或减压重油，或低稠直馏沥青在 250~300 ℃ 高温下吹入空气，经过数小时氧化可获得常温下为半固体或固体状的沥青。氧化沥青具有良好的温度稳定性。在道路工程中使用的沥青，氧化程度不能太深，有时也称为半氧化沥青。

（3）溶剂沥青。这种沥青是对含蜡量较高的重油采取萃取工艺，提炼出润滑油原料后所余的残渣。在溶剂萃取过程中，一些石蜡成分溶解在萃取溶剂中随之被拔出，因此，溶剂沥青中石蜡成分相对减少，其性质较由石蜡基原油生产的渣油或氧化沥青有很大的改善。

（4）裂化沥青。在炼油过程中，为增加出油率，对蒸馏后的重油在隔绝空气和高温下进行热裂化，使碳链较长的烃分子转化为碳链较短的汽油、煤油等。裂化后所得到的裂化残渣，称为裂化沥青。裂化沥青具有硬度大、软化点高、延度小、没有足够的黏度和温度稳定性，不能直接用于道路上。

3. 按沥青在常温下的稠度分类。

根据用途的不同，要求石油沥青具有不同的稠度，一般可分为黏稠沥青和液体沥青两大类。

黏稠沥青在常温下为半固体或固体状态。如按针入度分级时，针入度 < 40 为固体沥青，针入度在 40~300 的呈半固体，而针入度 > 300 者为黏性液体状态。

液体沥青在常温下多呈黏性液体或液体状态，根据凝结速度的不同，可按标准黏度分级划分为慢凝液体沥青、中凝液体沥青和快凝液体沥青三种类型。在生产应用中，常在黏稠沥青中掺入一定比例的溶剂，配制的稠度很低的液体沥青，称为稀释沥青。

4. 按用途分类。

（1）道路石油沥青。主要含直馏沥青，是石油蒸馏后的残留物或残留物氧化而得的产品。

（2）建筑石油沥青。主要含氧化沥青，是原油蒸馏后的重油经氧化而得的产品。

（3）普通石油沥青。主要含石蜡基沥青，它一般不能直接使用，要掺配或调和后才能使用。

二、石油沥青的化学组分

四组分分析法——由科尔特（L.W.Corbete）首先提出，该法可将沥青分为如下 4 种成分：

（1）沥青质。沥青中不溶于正庚烷而溶于甲苯中的物质。

（2）饱和分。亦称饱和烃，沥青中溶于正庚烷，吸附于 Al_2O_3 谱柱下，能为正庚烷或石油醚溶解脱附的物质。

（3）环烷芳香烃。亦称芳香烃，沥青经上一步骤处理后，为甲苯所溶解脱附的物质。

（4）极性芳香分。亦称胶质，沥青经上一步骤处理后能为苯-慢乙醇或苯-甲醇所溶解脱附的物质。

对于多蜡沥青,还可将饱和环烷芳香分用丁酮-苯混合溶液冷冻分离出蜡。石油沥青四组分分析法示图见图 6.5。

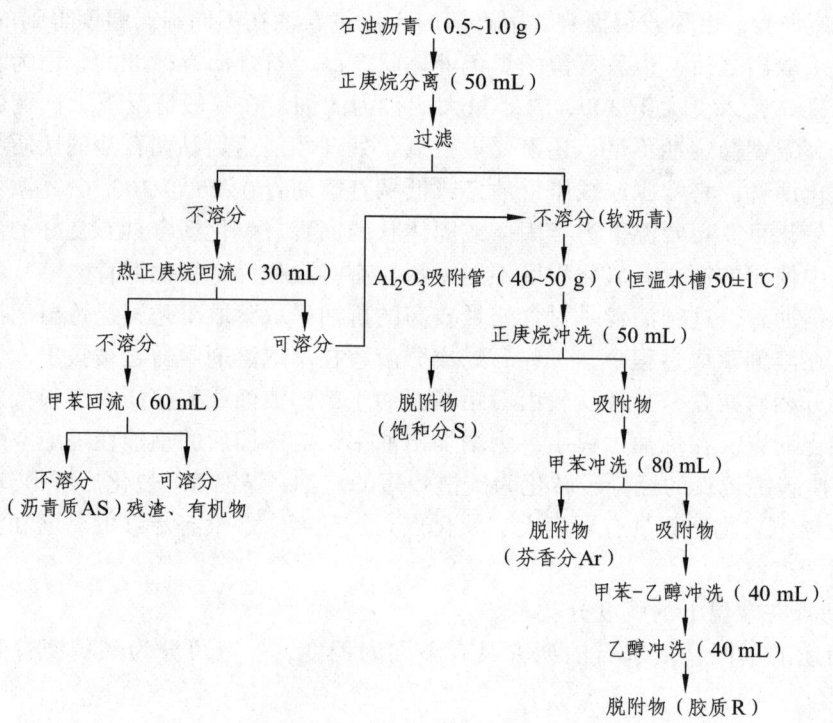

图 6.5　四组分分析法石油沥青分析流程图

按四组分分析法所得各组分的性状见表 6.4。

表 6.4　石油沥青四组分分析法的各组分的性状

组分	性状	外观特征	平均分子量 M_w	碳氢比 C/H	物化特征
沥青质		深褐色固体末微粒	1 000~5 000	<1.0	提高热稳定性和黏滞性
饱和分	相当油分	无色黏稠液体	300~1 000	<1.0	赋予沥青流动性
芳香分		茶色黏稠液体		<1.0	
胶质		红褐色至黑褐色黏稠半固体	500~1 000	≈1.0	赋予胶体稳定性,提高黏附性及可塑性
蜡(石蜡和地蜡)		白色结晶	300~1 000	<1.0	破坏沥青结构的均匀性,降低塑性

三、石油沥青的技术性质

1. 沥青的绝对黏度(亦称动力黏度)。

如果采用一种剪切变形的模型来描述沥青在沥青与矿质材料的混合料中的作用,可取一对互相平行的平面,在两平面之间分布有一沥青薄膜,薄膜与平面的吸附力远大于薄膜内部胶团之间的作用力。当下层平面固定,外力作用于顶层表面发生位移时(见图 6.5),按牛顿定律可得到式（6.1）。

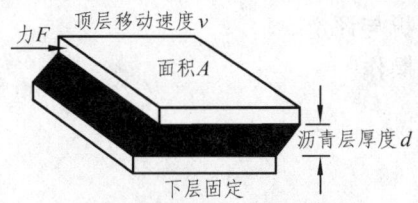

图 6.6 沥青绝对黏度概念图

$$F = \eta \cdot A \frac{v}{d} \tag{6.1}$$

式中　F——移动顶层平面的力（即等于沥青薄膜内部胶团抵抗变形的能力）（N）；
　　　A——沥青薄膜层的面积（cm^2）；
　　　v——顶层位移的速度（m/s）；
　　　d——沥青膜的厚度（cm）；
　　　η——反映沥青黏滞性的系数，及绝对黏度（Pa·s）。

由式（6.1）得知，当相邻接触面积大小和沥青薄膜厚度一定时，欲使相邻平面以速度 v 发生位移所用的外力与沥青黏度成正比。

当令，$\tau = F/A$，$\gamma = v/d$ 时，可将式（6.1）改写为：

$$\eta = \frac{\tau}{\gamma} \tag{6.2}$$

式中　τ——剪应变（沥青薄膜层单位面积上所受的剪切力，N/cm^2）；
　　　γ——剪变率（位移速度在 d 方向的变化率，s^{-1}）。

2. 沥青的相对黏度。

沥青的相对黏度，也称为条件黏度，它反映了沥青材料在温度条件下表现出的性质。

任务二　沥青延度

案例导入

某工程沥青路面，长期在交通量比较大的环境下使用，结果路面多处出现裂缝，失去了防水作用。究其原因是使用了延度没达标的沥青施工。可见路面的抗拉和防水能力主要是沥青延度起到的作用。

任务目标

1. 理解沥青材料的相关知识。
2. 掌握沥青延度的概念。

3. 会使用试验设备与仪器。
4. 会对试验结果进行分析与评定。
5. 能正确熟练完成试验操作。

相关知识

一、石油沥青的结构

沥青的组分并不能全面地反映沥青材料的性质，沥青的性质还与沥青的结构有着密切的联系。

1. 胶体理论。

沥青质分散在低分子量的油分中，形成一种复杂的胶体系统。沥青质是憎油性的，而且在油分中是不溶解的。这两种组分混合会形成不稳定的体系，沥青质极易絮凝，而沥青之所以能成为稳定的胶体系统，现代胶体学说认为，沥青中沥青质是分散的，饱和分和芳香分是分散介质，但沥青质不能直接分散在饱和分和芳香分中。而胶质分作一种"胶溶剂"，沥青吸附了胶质分形成胶团后分散于芳香分和饱和分中。所以沥青的胶体结构是以沥青质为胶核，胶质分被吸附于其表面，并逐渐向外扩散形成胶团，胶团再分散于芳香分和饱和分中。

在沥青胶团结构中，从核心到油质是均匀的、逐步递变的，并无明显分界面。

2. 胶体的结构类型。

由于沥青中各组分的化学组成和相对含量的不同，可以形成不同的胶体结构。沥青的胶体结构，可以分为以下 3 种类型：

（1）溶胶型结构。沥青质含量较少（<10%），油分及树脂含量较多，胶团外薄膜较厚，胶团相对运动较自由[见图 6.7（a）]。这种结构沥青黏滞性小、流动性大、塑性好，开裂后自行愈合能力强，但温度稳定性较差，是典型液体沥青结构的特征。

（2）溶-凝胶型结构。当沥青质含量适当时（15%~25%），又含适量的油分及树脂，胶团的浓度增加，胶团间具有一点的吸引力，它介于溶胶型结构和凝胶型结构之间，称为溶-凝胶型结构[见图 6.7（b）]。这类沥青在高温时温度稳定性好，低温时的变形能力也好，现代高级路面所用的沥青，都应属于这类胶体结构类型。

（3）凝胶型结构。油分及树脂含量较少，沥青质含量较多（>30%），胶团外膜较薄，胶团靠近团聚，胶团相互吸引力增大，相互移动困难[见图 6.7（c）]。这种结构的特点是弹性和黏性较高，温度敏感性较小，流动性、塑性较低。

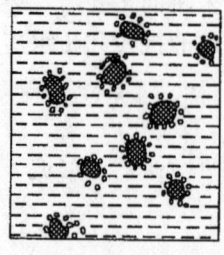
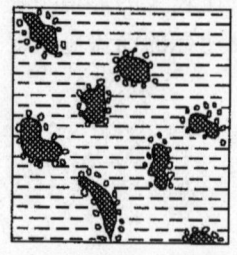
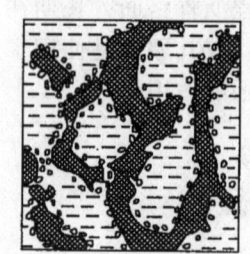

（a）溶胶型结构　　　　（b）溶-凝胶型结构　　　　（c）凝胶型结构

图 6.7　沥青的胶体结构示意图

3. 胶体结构类型的判定。

沥青的胶体结构与其路用性能有着密切的关系。为工程使用方便,通常采用针入度指数法划分其胶体结构类型(见表6.5)。

表6.5 沥青的针入度指数和胶体结构类型

沥青的针入度指数	沥青胶体结构类型	沥青的针入度指数	沥青胶体结构类型	沥青的针入度指数	沥青胶体结构类型
<-2	溶液	-2 至 +2	溶凝胶	>+2	凝胶

二、石油沥青的技术性质

1. 塑性。

塑性是指沥青在外力作用下发生变形而不被破坏的能力。

影响塑性大小的因素与沥青的组分及温度有关。沥青中树脂含量多,油分及沥青质含量适当,则塑性较大。当温度升高,塑性增大,沥青膜层越厚则塑性越高;反之,塑性越差。在常温下,塑性好的沥青不易产生裂缝,并能减少摩擦时的噪声。同时它对于沥青在温度降低时抵抗开裂的性能有着重要影响。

2. 延度。

现行《公路工程沥青及沥青混合试验规程》规定:沥青的塑性用延度表示,用延度仪测定(见图6.8)。沥青延度是将沥青试样制成"∞"字形标准试模(中间最小截面为 1 cm²)在规定速度 5 cm/min 和规定温度 25 ℃或 15 ℃下拉断时的长度,以 cm 表示。

沥青的延度越大,塑性越好,其柔性和抗断裂性能越好。

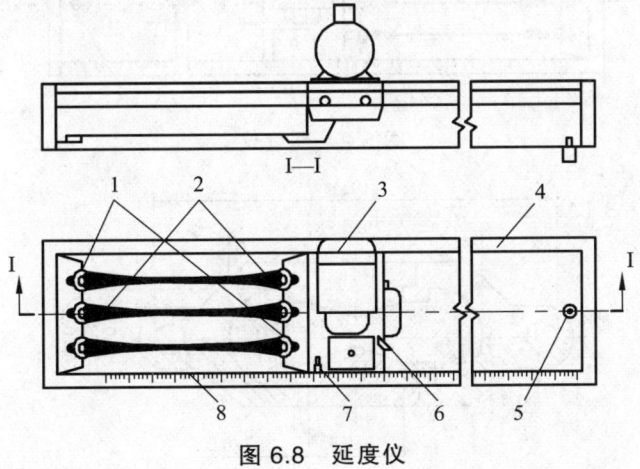

图6.8 延度仪

操作活动

沥青延度试验(T 0605—2011)

一、试验目的及适用范围

(1)沥青的延度是由规定形状(∞字形)的沥青试样,在规定温度下,以一定的速度延伸至拉断时的长度，以 cm 表示。

沥青延度的试验温度与拉伸速率可根据要求采用，通常采用的试验温度为 25 ℃、15 ℃、10 ℃（或 5 ℃），拉伸速度为 5 ± 0.25 cm/min。当低温采用 1 ± 0.5 cm/min 拉伸速度时，应在报告中注明。

（2）本方法适用于测定道路石油沥青、液体沥青蒸馏残留物和乳化沥青蒸发残留物等材料的延度。

二、仪器设备

（1）延度仪：延度仪的测量长度不宜大于 150 cm，仪器应有自动控温、控速系统。应满足试件浸没于水中，能保持规定的试验温度及按照规定拉伸速度拉伸试件，且试验时无明显振动的延度仪均可使用，其组成如图 6.9 所示。

（2）试模：黄铜制，由两个端模和侧模组成，其形成及尺寸如图 6.10 所示。试模内侧表面粗糙度 $R_a = 0.2\ \mu m$，当装配完好后可浇铸试样。

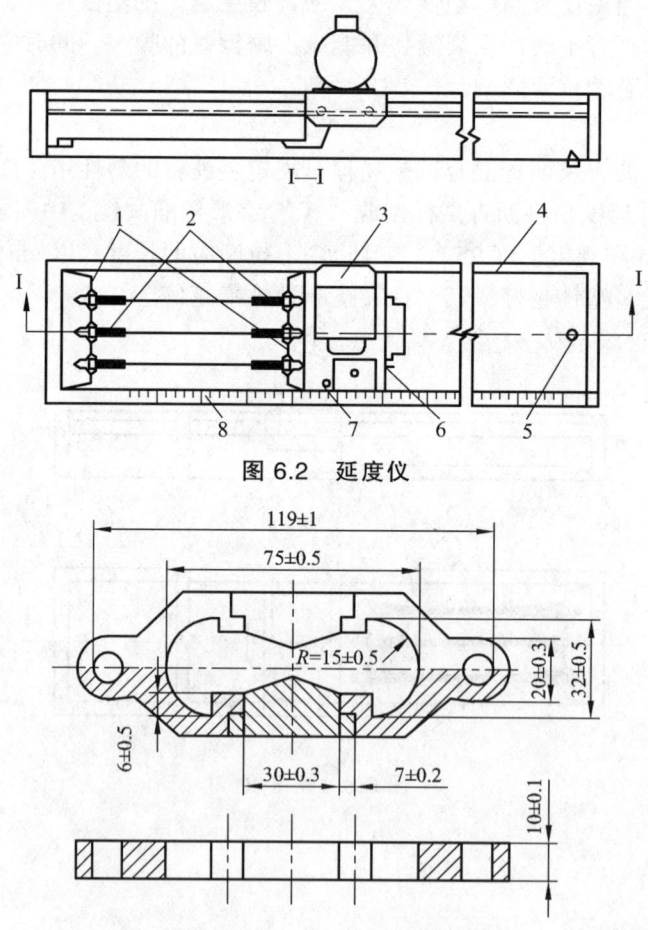

图 6.2　延度仪

图 6.10　延度试模（尺寸单位：mm）

1—试模；2—试样；3—电机；4—水槽；5—泄水孔；6—开关；7—指针；8—标尺

（3）试模底板：玻璃板或磨光的铜板、不锈钢板（表面粗糙度 $R_a = 0.2\ \mu m$）。

（4）恒温水槽：容量不少于 10 L，控制温度的准确度为 0.1 ℃，水槽中应设有带孔搁架，搁架距水槽底不得少于 50 mm。试件浸入水中深度不小于 100 mm。

（5）温度计：量程 0~50 ℃，分度值为 0.1 ℃。

（6）砂浴或其他加热炉具。

（7）甘油滑石粉隔离剂（甘油与滑石粉的质量比 2∶1）。

（8）其他：平刮刀、石棉网、酒精、食盐等。

三、试验准备

（1）将隔离剂拌和均匀，涂于清洁干燥的试模底板和两个侧模的内侧表面，并将试模在试模底板上装妥。

（2）按规定的方法准备试样，然后将试样仔细自试模的一端至另一端往返数次缓缓注入模中，最后略高出试模，灌模时应注意勿使气泡混入。

（3）试件在室温中冷却不少于 1.5 h，然后用热刮刀刮除高出试模的沥青，使沥青面与试模面齐平。沥青的刮法应自试模的中间刮向两端，且表面应刮得平滑。将试模连同底板再浸入规定的试验温度的水槽中保温 1.5 h。

（4）检查延度仪延伸速度是否符合规定要求，然后移动滑板使其指针正对标尺的零点。将延度仪注水，并保温达试验温度 ± 0.1 ℃。

四、试验步骤

（1）将保温后的试件连同底板移入延度仪的水槽中，然后将盛有试样的试模自玻璃板或不锈钢板上取下，将试模两端的孔分别套在滑板及槽端固定板的金属柱上，并取下侧模。水面距试件表面应不小于 25 mm。

（2）开动延度仪，并注意观察试样的延伸情况。此时应注意，在试验过程中，水温应始终保持在试验温度规定范围内，且仪器不得有振动，水面不得有晃动，当水槽采用循环水时，应暂时中断循环，停止水流。

在试验中，如发现沥青细丝浮于水面或沉入槽底时，则应在水中加入酒精或食盐，调整水的密度至与试样相近后，重新试验。

（3）当试件拉断时，读取指针所指标尺上的读数，以厘米表示，在正常情况下，试件延伸时应成锥尖状，拉断时实际断面接近于零。如不能得到这种结果，则应在报告中注明。

五、试验数据处理

（1）同一试样，每次平行试验不少于 3 个，如 3 个测定结果均大于 100 cm，试验结果记为 ">100 cm"；有特殊需要也可分别记录实测值。如 3 个测定结果中，有 1 个以上的测定值小于 100 cm，若最大值或最小值与平均值之差满足重复性试验精密度要求，则取 3 个测定结果的平均值的整数作为延度试验结果，若平均值大于 100 cm，记为 ">100 cm"；若最大值或最小值与平均值之差不符合重复性试验精度要求时，试验应重新进行。

（2）当试验结果小于 100 cm 时，重复性试验精度的允许误差为平均值的 20%，再现性试验精度的允许误差为平均值的 30%。

（3）试验记录表见表6.6。

表6.6 沥青延度试验记录

试样编号			试样来源			
试样名称			初拟用途			
试验温度 T_0/°C	延伸速度 v/(m/min)	延度 D/cm				拉伸情况描述
		试件1	试件2	试件3	平均值	
准确度校核						

试验者_____ 组别_____ 成绩_____ 试验日期_____

六、报 告

（1）沥青的种类。
（2）沥青的稠度状态。
（3）针入延度。

思考练习题

1. 延度试验中酒精和食盐有什么作用？
2. 延度不合格的沥青使用时会出现什么问题？

成绩评定

		任 务 评 价					
序号	检测项目	检测内容及要求	配分	学员自评	学员互评	教师评分	得分
1	职业修养	安全、纪律	10				
2		文明、礼仪、行为习惯	5				
3		工作态度	5				
4	专业能力	理解沥青材料的相关知识	10				
5		掌握沥青延度的概念	10				
6		会使用试验设备与仪器	20				
7		会对试验结果进行分析与评定	10				
8		能正确熟练完成试验操作	30				
综合评价							

知识拓展

石油沥青的技术性质：

1. 溶解度。

沥青的溶解度是指沥青在三氯乙烯中溶解的百分率（即有效物质含量）。那些不溶解的物质为有害物质（沥青碳，似碳物），它会降低沥青的性能，应加以限制。

2. 含水率。

沥青几乎不溶于水，具有良好的防水性能。但沥青材料不是绝对不含有水分的，水在纯沥青中的溶解度一般为 0.001～0.019。

如沥青中含有水分，施工中挥发太慢，影响施工速度，所以要求沥青中含水率不宜过多。在加热过程中，如水分过多，易产生"溢锅"现象，引起火灾，使材料损失。所以，在熔化沥青时应加快搅拌速度，促进水分蒸发，控制加热温度。

沥青的含水率用沥青含水率测定仪测定（见图 6.11）。液体沥青可直接抽提；黏稠沥青需加挥发性溶剂（二苯甲等）以助水分蒸发。含水率以抽提出的水分占沥青重量的百分数表示。水分如小于 0.025 mL（二十分刻度的半格）时，则认为是痕迹。

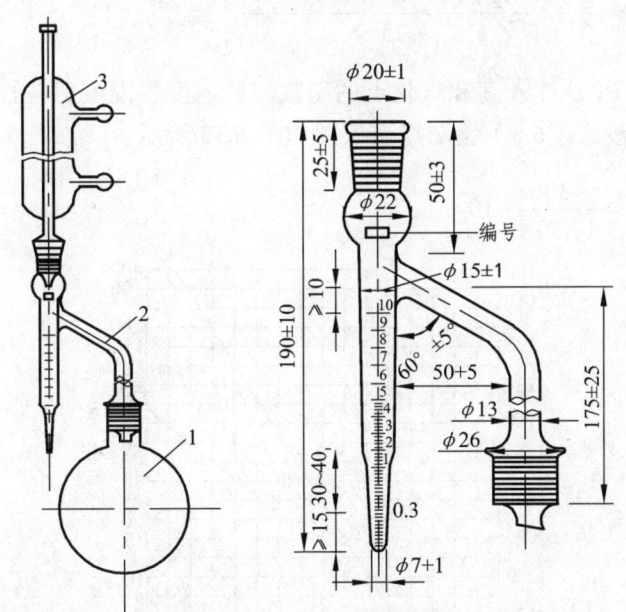

图 6.15 沥青含水率测定仪水分接收器（尺寸单位：mm）

1—烧瓶；2—水分接收器；3—冷凝管

3. 针入度指数。

荷兰学者普费（Pfeiffer）等研究提出，应用经验的针入度和软化点得到的试验结果，找出其中的变化规律，以便能表征沥青的感温性和胶体结构的指标，称"针入度指数"（PI）。

沥青在不同温度下的针入度值，若以针入度的对数为纵坐标，以温度为横坐标，可得到如图 6.12 所示的直线关系，以式（6.3）表示。

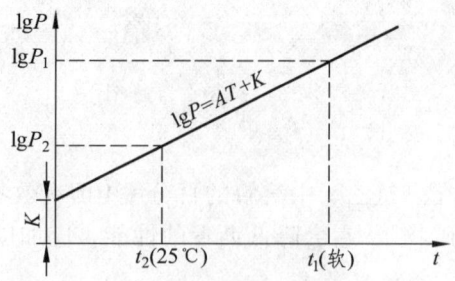

图 6.12 针入度–温度关系图

$$\lg P = AT + K \tag{6.3}$$

式中 A——针入度温度感应性系数,由针入度和软化点确定;
K——截距。

根据试验研究认为,各种沥青达到软化点(T_m)温度时,此时的针入度恒等于 800($\frac{1}{10}$ mm),因此斜率 A 可由式(6.4)表示:

沥青针入度指数 PI 是针入度和软化点的函数。针入度、温度感应性系数(A)与针入度指数(PI)的关系可按式(6.5)绘制成诺模图如图 6.13 所示。

$$\mathrm{PI} = \frac{30}{1+50A} - 10 \tag{6.5}$$

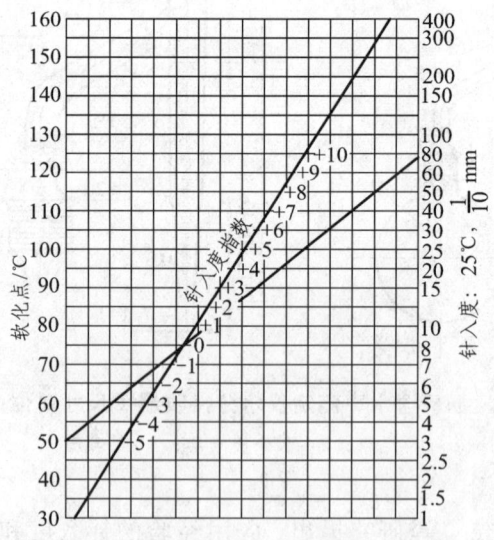

图 6.13 确定沥青针入度指数用诺模图

4. 劲度。

劲度模量也称刚度模量,是表示沥青黏性和弹性联合效应的指标。大多数沥青在变形时呈现黏-弹性。当变形量较小,荷载作用时间较短时,以弹性形变为主;反之,以黏性形变为主。

范·德·波尔在论述黏-弹性材料（沥青）的抗变形能力时，以荷载作用时间（t）和温度（T）作用应力（σ）与应变（ε）之的函数，即在一定荷载作用时间和温度条件下，应力与应变的比值称为劲度模量 s_b（简称劲度），故劲度模量可表示为：

$$s_b = \left(\frac{\sigma}{\varepsilon}\right)_{t,T} \tag{6.6}$$

沥青的劲度（s_b）与温度（T）、荷载作用时间（t）和沥青流变类型（针入度指数 PI）等参数有关，参见式（6.7）。

$$s_b = f(T, t, PI) \tag{6.7}$$

5. 黏附性。

黏附性是路用沥青的重要性能之一。它直接影响沥青路面的使用质量和耐久性。沥青裹覆石料后的抗水性（即抗剥性）不仅与沥青的性质有密切关系，而且与集料性质有关。当采用一种固定的沥青时，不同矿物成分的石料的剥落度也有所不同。从碱性、中性直至酸性石料，随着 SiO_2 含量的增加，剥落度亦随之增加。为保证沥青混合料的强度，在选择石料时应优先考虑利用碱性石料，当地缺乏碱性石料必须采用酸性石料时，可掺加各种抗剥剂以提高石料与沥青的黏附性。

对沥青与石料黏附性的试验方法，《公路工程沥青及沥青混合料试验规程》规定，采用水煮法（见图 6.14）和水浸法。

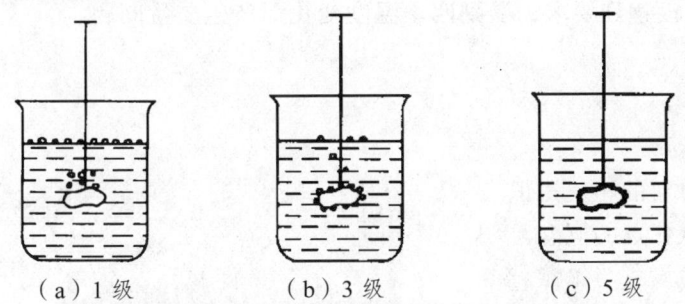

图 6.14 沥青与矿料抗剥性试验（水煮法）

浸、煮后，观察矿料颗粒上沥青膜的剥落程度，并按表 6.7 评定其黏附等级。

表 6.7 沥青与集料的黏附性等级

试验后石料表面上沥青膜剥落情况	黏附性等级
沥青膜完全保存，剥落面积百分率接近于 0	5
沥青膜少部分为水所移动，厚度不均匀，剥落面积百分率少于 10%	4
沥青膜局部明显为水所移动，但还基本留在石料表面上，剥落面积百分率少于 30%	3
沥青膜大部分为水所移动，局部保留在石料表面上，剥落面积百分率大于 30%	2
沥青膜完全为水所移动，石料基本裸露，沥青完全浮于水面上	1

6. 老化。

沥青在自然因素（热、氧化、光和水）的作用下，产生"不可逆"的化学变化，导致路用性能劣化，通常称之为"老化"。

沥青在使用过程中，由于长时间受阳光、空气和水的作用，以及沥青与矿料间的物理-化学作用，沥青分子会发生氧化和聚合作用，使低分子化合物转变为较高分子化合物。其组分转化大致如下：

油质—树脂—沥青质—沥青碳、似碳物

沥青老化后，其化学组分改变，性质也发生改变，表现为针入度减少、延度降低、软化点升高、绝对黏度提高、脆点降低等。

沥青组分在转化过程中，表现为饱和分变化甚少，芳香分明显转变为胶质（速度较慢），而胶质又转变沥青质（速度较快），由于芳香分转变为胶质，不足以补偿胶质转变为沥青质，所以最终是胶质显著减少，而沥青质显著增加。

反映沥青老化的技术指标主要有：加热质量损失，加热后残渣针入度比，残留延度等。

任务三 沥青软化点

案例导入

某工程沥青路面在夏天经常出现很多车辙，冬天会出现一些裂缝。可以判断是由于使用的沥青温度稳定性没达到要求，受到四季温度变化而产生质量问题。

任务目标

1. 理解沥青材料的相关知识。
2. 掌握沥青软化点的概念。
3. 会使用试验设备与仪器。
4. 会对试验结果进行分析与评定。
5. 能正确熟练完成试验操作。

相关知识

石油沥青的技术性质：

1. 温度稳定性（感温性）。

感温性是指沥青的黏滞性和塑性，随温度升降不会产生较大变化的性能。当温度升高时，沥青由固态或半固态逐渐软化成黏流状态；当温度降低时由黏流状态转变为半固态或固态，甚至变脆。温度稳定性高的沥青，使用时不易因夏季高温而软化，也不易因冬季低温而变脆。在工程上使用的沥青，要求具有良好的温度稳定性。

2. 软化点。

高温敏感性用软化点表示沥青材料由固体状态变为具有一定流动性时的温度为软化点。

我国现行试验方法《公路工程沥青及沥青混合试验规程》规定：沥青软化点一般采用环球法软化点仪测定。即将沥青式样装入规定尺寸的铜环内（内径 18.9 mm），式样上放置标准的钢球（重 3.5 g）浸入水或甘油中，以规定的升温速度（5 ℃/min）加热，使沥青软化下垂至规定距离时的温度（以℃表示）。软化点越高，表明沥青的耐热性越好，即温度稳定性越好。

针入度是在规定温度下，沥青的条件黏度，而软化点则是沥青达到规定条件黏度时的温度。软化点既是反映沥青材料感温性的一个指标，也是沥青黏度的一种量度。

针入度、延度、软化点是评价黏稠石油沥青路用性能最常用的经验指标，所以通称"三大指标"。

3. 脆点。

低温抗裂性用脆点表示。脆点是指沥青材料由黏稠状态转变为固体状态达到条件脆裂时的温度。

《公路工程沥青及沥青混合料试验规程》规定采用弗拉斯法测定沥青脆点。脆点试验是将沥青试样均匀涂在金属片上，置于有冷却设备的脆点仪内，摇动脆点仪的曲柄，使涂有沥青的金属片产生重复弯曲，随制冷剂温度降低，沥青薄膜温度也逐渐降低，当沥青薄膜在规定弯曲条件下，产生断裂时的温度，即为脆点。见图 6.15、图 6.16。

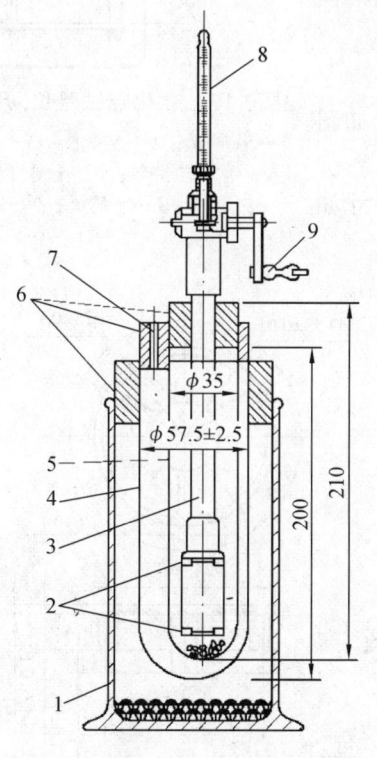 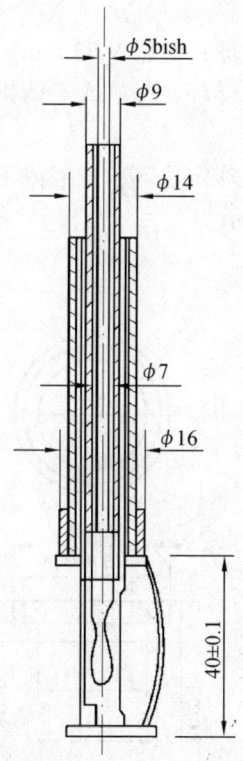

1—外筒；2—夹钳；3—硬塑料管；4—真空玻管；5—试样管；
6—橡胶管；7—通冷却液管道；8—温度计；9—摇把

图 6.15　弗拉斯脆点仪（尺寸单位：mm）　　图 6.16　弯曲器（尺寸单位：mm）

在工程实际应用中，要求沥青具有较高的软化点和较低的脆点，否则容易发生沥青材料夏季流淌或冬季变脆甚至开裂等现象。

操作活动

沥青软化点试验（环球法）（T 0606—2011）

一、试验目的及适用范围

（1）沥青的软化点试验是试样在规定尺寸的金属环内，其上放规定尺寸和质量的钢球，然后均放于水或甘油中，以每分钟升高 5 ℃的速度加热至软化下沉达规定距离（25.4 mm）时的温度，以 ℃ 表示。

（2）本方法适用于测定道路石油沥青、煤沥青的软化点，也适用于测定液体石油沥青经蒸馏或乳化沥青破乳蒸发后残留物的软化点。

二、仪器设备

（1）软化点试验仪：如图 6.17 所示，由下列部件组成。

① 钢球：直径 9.53 mm，质量 3.5 ± 0.05 g。
② 试样环：黄铜或不锈钢等制成，形状尺寸如图 6.18 所示。
③ 钢球定位环：黄铜或不锈钢制成，形状尺寸如图 6.19 所示。

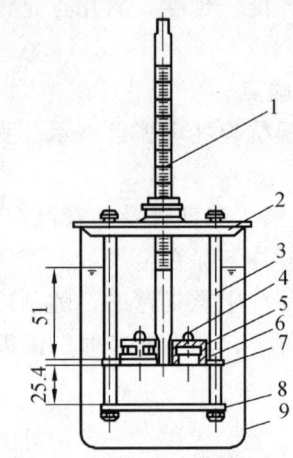

图 6.17 软化点试验仪（尺寸单位：mm）
1—温度计；2—上盖板；3—立杆；4—钢球；
5—钢球定位环；6—金属环；7—中层板；
8—下层板；9—烧杯

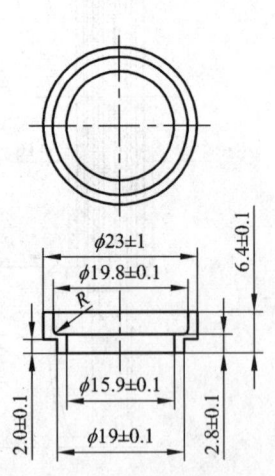

图 6.18 试样环（尺寸单位：mm）

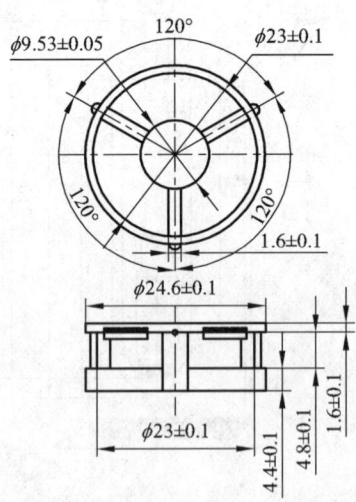

图 6.19 钢球定位环（尺寸单位：mm）

④ 金属支架：由两个主杆和三层平行的金属板组成。上层为一圆盘，直径略大于烧杯直径，中间有一圆孔，用以插放温度计。中层板形状尺寸如图 6.20 所示，板上有两个孔，各放置金属环，中间有一小孔可支持温度计的测温端部。一侧立杆距环上面 51 mm 处刻有水高标

记。环下面距下层底板为 25.4 mm，而下底板距烧杯底不少于 12.7 mm，也不得大于 19 mm。三层金属板和主杆由两螺母固定在一起。

⑤ 耐热玻璃烧杯：容量 800～1 000 mL，直径不小于 86 mm，高不于 120 mm。

⑥ 温度计：量程 0～80 ℃，分度值 0.5 ℃。

（2）环夹：由薄钢条制成，用以夹持金属环，以便刮平表面，其形状、尺寸如图 6.21 所示。

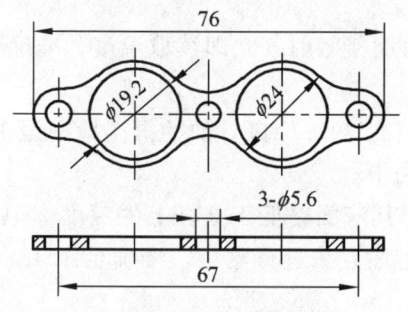

图 6.20　中层板（尺寸单位：mm）

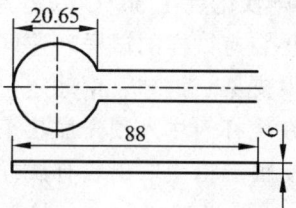

图 6.21　环夹（尺寸单位：mm）

（3）装有温度调节器的电炉或其他加热炉具（液化石油气、天然气等）。应采用带有振荡搅拌器的加热电炉，振荡器置于烧杯底部。

（4）试样底板：金属板（表面粗糙度 R_a 应达到 0.8 μm）或玻璃板。

（5）恒温水槽：控温的准确度为 ±0.5 ℃。

（6）平直刮刀。

（7）甘油滑石粉隔离剂（甘油与滑石粉的质量比为 2∶1）。

（8）新煮沸过的蒸馏水。

（9）其他：石棉网。

三、试验准备

（1）将试样环置于涂有甘油滑石粉隔离剂的试样底板上。按规定方法将准备好的沥青试样徐徐注入试样环内至略高出环面为止。

如估计试样软化点高于 120 ℃，则试样环和试样底板（不用玻璃板）均应预热至 80～100 ℃。

（2）试样在室温冷却 30 min 后，用环夹夹着试样杯，并用热刮刀刮除环面上的试样，务使与环面齐平。

四、试验步骤

1. 试样软化点在 80 ℃ 以下者：

（1）将装有试样的试样环连同试样底板置于 5 ± 0.5 ℃ 水的恒温水槽中至少 15 min；同时将金属支架、钢球、钢球定位环等也置于相同水槽中。

（2）烧杯内注入新煮沸并冷却至 5 ℃ 的蒸馏水或纯净水，水面略低于立杆上的深度标记。

（3）从恒温水槽中取出盛有试样的试样环放置在支架中层板的圆孔中，套上定位环；然后将整个环架放入烧杯中，调整水面至深度标记，并保持水温为 5 ± 0.5 ℃。环架上任何部分不得附有气泡。将 0~100 °C 的温度计由上层板中心孔垂直插入，使端部测温头底部与试样环下面齐平。

（4）将盛有水和环架的烧杯移至放在石棉网的加热炉具上，然后将钢球放在定位环中间的试样中央，立即开动振荡搅拌器，使水微微振荡，并开始加热，使杯中水温在 3 min 内调节至维持每分钟上升 5±0.5 °C。在加热过程中，应记录每分钟上升的温度值。如温度上升速度超出此范围，则试验应重做。

（5）试样受热软化逐渐下坠，至与下层底板表面接触时，立即读取温度，准确到 0.5 °C。

2. 试样软化点在 80 °C 以上者：

（1）将装有试样的试样环连同试样底板置于装有 32±1 °C 甘油的恒温槽中至少 15 min；同时将金属支架、钢球、钢球定位环等也置于甘油中。

（2）在烧杯内注入预先加热至 32 °C 的甘油，其液面略低于立杆上的深度标记。

（3）从恒温槽中取出装有试样的试样环，按上述方法进行测定，准确至 1 °C。

五、试验数据处理

同一试样平行试验两次，当两次测定值的差值符合重复性试验允许误差要求时，取其平均值作为软化点试验结果，准确至 0.5 °C。

1. 允许误差。

（1）当试样软化点小于 80 °C 时，重复性试验的允许误差为 1 °C，再现性试验的允许差为 4 °C。

（2）当试样软化点等于或大于 80 °C 时，重复性试验的允许误差为 2 °C，再现性试验的允许差为 8 °C。

（3）试验记录格式见表 6.8。

表 6.8　沥青软化点试验记录

试验次数	室内温度/(°C)	烧杯内液体种类	开始加热时间/s	开始加热液体温度/(°C)	烧杯中液体在下列各分钟末温度上升记录/°C															试样下垂与下层底板接触时的温度/(°C)	软化点/(°C)
					1	2	3	4	5	6	7	8	9	10	11	12	13	14	15		
1																					
2																					
准确度校核																					

试验者_____　组别_____　成绩_____　试验日期_____

六、报　告

（1）沥青的种类。

（2）沥青的稠度状态。

（3）软化点。

思考练习题

1. 为什么要使用蒸馏水和甘油两种不同的恒温条件试验？
2. 软化点不合格的沥青使用后会产生什么影响？

成绩评定

任务评价						
序号	检测项目	检测内容及要求	配分	学员自评	学员互评	教师评分	得分
1	职业修养	安全、纪律	10				
2		文明、礼仪、行为习惯	5				
3		工作态度	5				
4	专业能力	理解沥青材料的相关知识	10				
5		掌握沥青软化点的概念	10				
6		会使用试验设备与仪器	20				
7		会对试验结果进行分析与评定	10				
8		能正确熟练完成试验操作	30				
综合评价							

知识拓展

石油沥青的技术性质：

1. 加热稳定性。

沥青在加热或长时间的加热过程中，会发生轻馏分挥发、氧化、裂化、聚合等一系列物理及化学变化，使沥青的化学组成及性质相应地发生变化。这种性质称为沥青热稳定性。

为了解沥青材料在路面施工及使用过程的耐久性，规范《公路工程沥青及沥青混合试验规程》规定：要对沥青材料进行加热质量损失和加热后残渣性质的试验，黏稠石油沥青采用蒸发损失试验、沥青薄膜加热试验；对于液体石油沥青采用沥青的蒸馏试验。

（1）沥青的蒸发损失试验。将 50 g 沥青试样装入盛样皿（筒状，内径 55 mm，深 35 mm）中，置于烘箱内，在 163 ℃下保持受热 5 h，冷却后测定其质量损失，并测定残留物的针入度。

沥青经加热损失试验后，由于沥青中轻质馏分挥发，不稳定成分发生氧化、聚合等作用，导致残留物性能与原始材料性能有很大的差别。主要表现为针入度减小，软化点升高和延度降低。

在沥青的蒸发损失试验中，沥青试样的厚度约为 21 mm，受热时与空气接触面积较小，只有表面薄层的沥青发生氧化，而在实际使用沥青时，往往需要将沥青与矿料在较高的温度下拌和均匀，这就是说，实际使用的沥青呈薄膜状分布，沥青与空气的接触面积较大，所以对道路黏稠石油沥青采用沥青薄膜加热试验。

（2）沥青薄膜加热试验。3.2 mm 厚的试样在规定温度条件下，经规定时间加热，测定试验前后沥青质量和性质的变化。

该法是将 50 g 沥青试样装入盛样皿（内径 140 mm，深 9.5～10 mm）内，使沥青成为厚约 3.2 mm 的沥青薄膜。沥青薄膜在 163 ℃ 的标准薄膜加热烘箱（见图 6.22）中加热 5 h 后，取出冷却，测定其质量损失，并按规定的方法测定残留物的针入度、延度等技术。

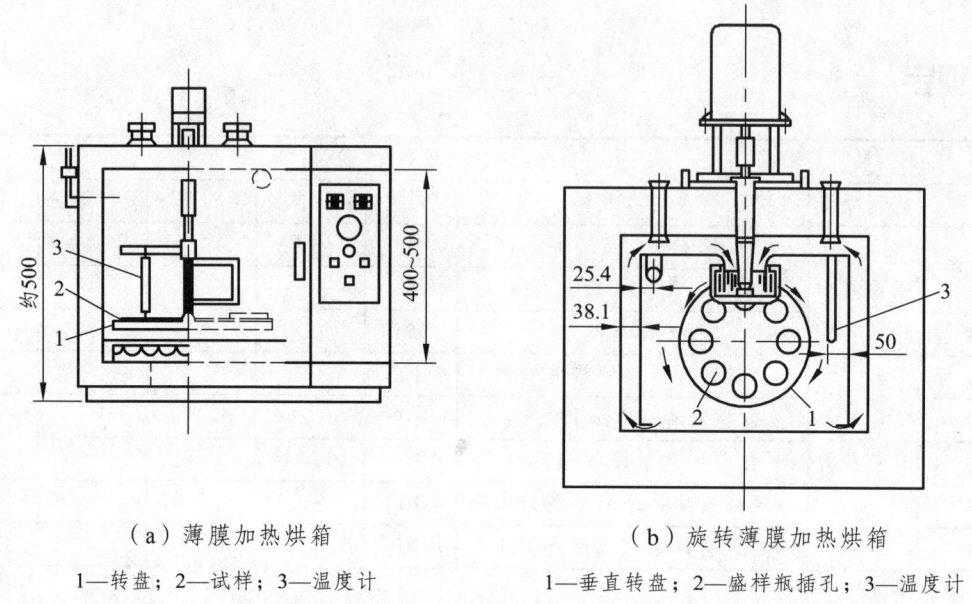

（a）薄膜加热烘箱　　　　　　　　　　（b）旋转薄膜加热烘箱

1—转盘；2—试样；3—温度计　　　　　1—垂直转盘；2—盛样瓶插孔；3—温度计

图 6.22　沥青薄膜加热烘箱（尺寸单位：mm）

（3）液体石油沥青蒸馏试验。蒸馏试验是将沥青在标准曲颈蒸馏器（见图 6.23）内加热测定。选择馏出阶段较接近，同时具有相同物理、化学性质的馏分含量，以占试样体积百分率表示。除非有特殊要求，各馏分蒸馏的标准切换温度为 225 ℃、316 ℃、360 ℃。通过此试验可了解液体石油沥青含各温度范围内轻质挥发油的数量，并可根据对残留物的性质测定预估液体沥青在道路路面中的性质。

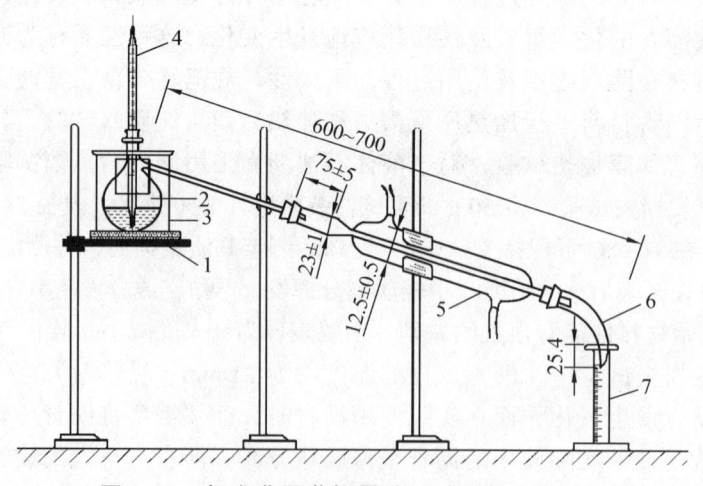

图 6.23　标准曲颈蒸馏器（尺寸单位：mm）

1—调节加热器；2—蒸馏烧杯；3—保温罩；4—温度计；5—冷凝管；6—牛角管；7—量筒

2. 安全性。

沥青材料在使用时必须加热。当加热至一定温度时，沥青材料中挥发的油分蒸汽与周围空气组成混合气体，此混合气体遇火焰则发生闪火；若继续加热，油分蒸汽的饱和度增加。由于此种蒸汽与空气组成的混合气体遇到火焰极易燃烧，而引起火灾或导致沥青烧坏，为此必须测定沥青的闪点和燃点。

（1）闪点（闪火点）。加热沥青挥发的可燃气体与空气组成混合气体在规定条件下与火接触，产生闪光时的沥青温度（℃）常采用开口杯式闪点仪测定。

（2）燃点（着火点）。指沥青加热产生的混合气体与火接触能持续燃烧 5 s 以上时的沥青温度（℃）。

闪点、燃点温度一般相差 10 ℃ 左右。《公路工程沥青及沥青混合料试验规程》中用克利夫兰开口杯式闪点仪测定（见图 6.24）。

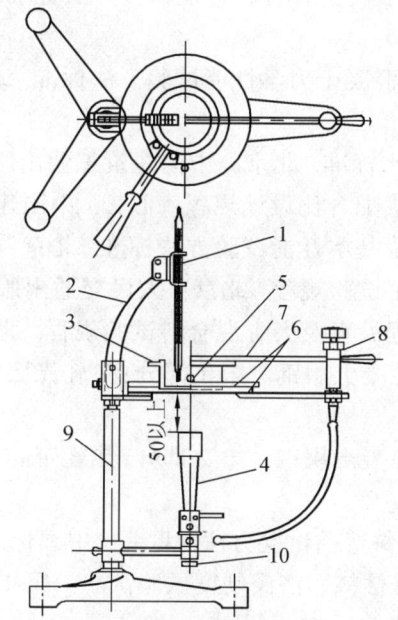

图 6.14　克利夫兰开口杯式闪点仪（尺寸单位：mm）

1—温度计；2—温度计支架；3—金属试验收杯；4—加热器具；5—试验标准球；6—加热板；
7—实验火焰喷嘴；8—调节开关；9—加热板支架；10—加热调节器

参考文献

[1] GB/T 1346—2011 水泥标准稠度用水量、凝结时间、安定性检验方法. 北京：中国标准出版社，2011.

[2] GB 175—2007 通用硅酸盐水泥. 北京：中国标准出版社，2007

[3] GB/T 17671—1999 水泥胶砂强度检验方法（ISO 法）. 北京：中国标准出版社，1999.

[4] GB/T 14685—2011 建筑用卵石、碎石. 北京：中国标准出版社，2011.

[5] JGJ 55—2011 普通混凝土配合比设计规程. 北京：中国建筑工业出版社，2011

[6] GB/T 50080—2002 普通混凝土拌合物性能试验方法标准. 北京：中国建筑工业出版社，2003.

[7] GB/T 50081—2002 普通混凝土力学性能试验方法标准. 北京：中国建筑工业出版社，2003.

[8] JGJ 63—2006 混凝土用水标准. 北京：中国建筑工业出版社，2006.

[9] JGJ/T 98—2010 砌筑砂浆配合比设计规程. 北京：中国建筑工业出版社，2010.

[10] JGJ/T 70—2009 建筑砂浆基本性能试验方法标准. 北京：中国建筑工业出版社，2009.

[11] JTG E40—2007 公路土工试验规程. 北京：人民交通出版社，.2007.

[12] JTG E20—2011 公路工程沥青及沥青混合料试验规程. 北京：人民交通出版社，2011

[13] GB 1499.1—2008 钢筋混凝土用钢 第 1 部分：热轧光圆钢筋. 北京：中国标准出版社，2008.

[14] GB 1499.2—2007 钢筋混凝土用钢 第 2 部分：热轧带肋钢筋. 北京：中国标准出版社，2007.

[15] GB/T 232—2010 金属材料弯曲试验方法. 北京：中国标准出版社，2010.

[16] GB/T 230.1—2009《金属材料 洛氏硬度试验试验 第 1 部分：试验方法（A、B、C、D、E、F、F、G、H、K、N、T 标尺）》.

[17] GB/T 230.2—2012《金属材料 洛氏硬度试验 第 2 部分：硬度计（A、B、C、D、E、F、F、G、H、K、N、T 标尺》的检验与校准.

[18] GB/T 230.3—2012《金属材料 洛氏硬度试验 第 3 部分：标准硬度块（A、B、C、D、E、F、F、G、H、K、N、T 标尺）的标定》。